ZAPATA,
EN TEMPS DE GUERRE

Scénario et dessin

Philippe Squarzoni

LES REQUINS MARTEAUX

Du même auteur :

LE TRES JEUNE AGE DES CHIENS
Les 7 Piliers, 1997

YEAR 506
Les 7 Piliers, 1998

SANSNOM
Roman - Les 7 Piliers, 1998

GARDUNO, EN TEMPS DE PAIX
Les Requins Marteaux, 2002

PORTRAIT INEDIT DE ARTHUR CRAVAN
9ème Monde, 2002

Éditions les Requins Marteaux
13, rue de la république - 81000 Albi
Téléphone : 05 63 38 71 31 - Fax : 05 63 47 94 23
Mail : requins.marteaux@wanadoo.fr - www.supermarcheferraille.com
Dépôt légal troisième trimestre 2003
ISBN-2-909590-95-X
Imprimé par Escourbiac (81)
Second tirage

Chapitre 1

- ÉCOUTE ÇA :
« DES SOURCES AU SEIN DE L'ARMÉE FÉDÉRALE MEXICAINE DÉCLARENT QUE LES CAMPEMENTS ZAPATISTES DANS LES MONTAGNES DU CHIAPAS ONT ÉTÉ LOCALISÉS... »
« LE GROUPE ARMÉ ZAPATISTE COMPREND 300 SOLDATS D'ÉLITE... »
« 2 000 MILICIENS...
... ET 10 000 INDIENS EN BASE D'APPUI... »

« LA TACTIQUE MILITAIRE DES ZAPATISTES CONSISTE À SE RÉPARTIR EN MICRO-GROUPES ESPACÉS ENTRE EUX DE 2 KILOMÈTRES. LEURS DÉPLACEMENTS SONT SYNCHRONISÉS. »
« ON ESTIME QUE 20 SOLDATS D'ÉLITE PROTÈGENT EN PERMANENCE LE SOUS-COMMANDANT MARCOS... »
« PAR DEUX FOIS DES PATROUILLES DE L'ARMÉE FÉDÉRALE EN ZONE ZAPATISTE L'ONT POURSUIVI À 50 MÈTRES, ET TENU DANS LA LIGNE DE MIRE DE LEUR FUSIL... »

ANDALE !
POR AQUI !
AHI ESTAN !
MIRA !
« EN UNE OCCASION UN MILITAIRE ATTENDAIT L'ORDRE D'APPUYER SUR LA GACHETTE...
... MAIS L'ORDRE N'EST JAMAIS ARRIVÉ... »
- C'EST DINGUE.

...ON N'IMAGINE PAS DU TOUT, EN FAIT.
QUOI ?
LA VIE QU'ILS ONT.
AU JOUR LE JOUR...
... C'EST BIZARRE DE RÉALISER ÇA.
¡YA BASTA!

Oui, nous on lit les communiqués de Marcos. C'est brillant... c'est littéraire...
Lyon. Septembre 1999.
On se dit : tiens, ce mec est un poète, un philosophe...
Et on oublie qu'ils vivent planqués dans les montagnes, pourchassés par l'armée !
Écoute : « Ces informations, manifestement données à la presse par des proches du pouvoir, peuvent être interprétées comme un avertissement aux zapatistes quant à la possibilité réelle d'une opération chirurgicale pour neutraliser ses dirigeants. »
Brrr...
Hm. Guerre de basse intensité... Faire intérioriser la peur...
On est en 99... ça dure depuis ...
Et le pire c'est que ça dure depuis 16 ans maintenant !
Pourquoi 16 ans ?
Quand ils ont attaqué en 94, ça faisait 10 ans déjà qu'ils se préparaient dans la jungle ...
Les premiers étaient passés à la clandestinité en 1983 !

BREF, EN TOUT, ÇA FAIT 16 ANS.
... 16 ANS.
DES FOIS JE PENSE À TOUT CE QUE J'AI FAIT EN 16 ANS.
TOUT CE QUE J'AI PU VIVRE ...
ET PENDANT TOUTES CES ANNÉES CES TYPES VIVAIENT DANS LA MONTAGNE.
À CREVER LA DALLE.
INSTALLÉS DANS DES ENDROITS OÙ MÊME LES INDIGÈNES REFUSENT D'ALLER TELLEMENT LES CONDITIONS DE VIE SONT DURES.
DES INDIENS QUE L'HISTOIRE A OUBLIÉS. DONT TOUT LE MONDE SE FOUT.
QUI POUVAIENT TRÈS BIEN DISPARAÎTRE EN SILENCE...
ET PENDANT CE TEMPS EN FRANCE ON S'ENTHOUSIASME POUR DES CONNERIES QUI N'ONT AUCUN SENS !
ET DES ABRUTIS FONT LA FÊTE LE SOIR DE LA COUPE DU MONDE !

TU VAS ÊTRE EN RETARD.
ET ARRÊTE AVEC CETTE HISTOIRE DE COUPE DU MONDE...
OUI. J'IMPRIME ÇA ET J'Y VAIS!
16 ANS...
PLANQUÉS DANS LA JUNGLE...
DÉJÀ, INDIGÈNE DANS LES COMMUNAUTÉS C'EST PAS TRÈS CONFORT.
MALNUTRITION, ANALPHABÉTISME, MORTALITÉ INFANTILE, ... LES PLUS FORTS INDICES DE PAUVRETÉ DU MEXIQUE.
DANS UN ÉTAT QUI ALIMENTE LE PAYS EN ÉLECTRICITÉ, PÉTROLE ET GAZ NATUREL, LA MOITIÉ DES HABITANTS N'A PAS L'EAU POTABLE...

NOVEMBRE 1998. CHIRAC SE REND AU MEXIQUE ACCOMPAGNÉ DE 50 INDUSTRIELS POUR VISITER "UNE TERRE D'OPPORTUNITÉ POUR LES INVESTISSEMENTS".
GAP
EFFECTIVEMENT, DANS LES ZONES FRANCHES LE SALAIRE MENSUEL MOYEN EST DE 75 EUROS POUR 48 HEURES DE TRAVAIL PAR SEMAINE!
ET DIX OUVRIÈRES MEXICAINES REVIENNENT AU MÊME PRIX QU'UN FRANÇAIS PAYÉ AU SMIC!
150 ANS APRÈS SON ABOLITION, UN NOUVEAU TYPE D'ESCLAVAGE IMPRÈGNE L'ÉCONOMIE GLOBALE.
CE SONT LES 120 MILLIONS D'ENFANTS-ESCLAVES TRAVAILLANT À PLEIN TEMPS SUR LA PLANÈTE QUI FONT LA RENTABILITÉ DES SOUS-TRAITANTS AVEC LESQUELS TRAVAILLENT KOOKAÏ, MONOPRIX, LA REDOUTE, C&A...
SHAMPOOING BLONDE Flacon 250 ml 2,50€
adidas
14€90 PUMA TEE SHIRT HOMME Tailles S à XL Rouge
... QUI NOUS HABILLENT. NOUS ÉQUIPENT. NOUS NOURRISSENT!
anti-taches
CHAUSSURE D LOISIR HOMME 70€
en vente également au

Épargne - Retraite - Placement
BEN OUI.
Et vous, votre retraite, vous la voyez comment ?
Pour vous, Novo invente le Fonds de Pension individ
+5,72% Sécuri
+51,50% Dynam
+29,70% Offens
ON NE PEUT PAS FAIRE CERTAINS CHOIX...
... EXIGER 15 % DE RENDEMENT SUR NOS ACTIONS...
... ET S'ÉTONNER DE VOIR FEMMES ET ENFANTS SE FAIRE EXPLOITER DANS L'ENFER DES ZONES FRANCHES.
« ON SAVAIT PAS ».
« ON N'ÉTAIT PAS AU COURANT. »
« DE TOUTE FAÇON MÊME SI ON SAVAIT COMMENT RÉSISTER ? »
C'EST VRAI. 16 ANS DANS LA JUNGLE ÇA FAIT LONG QUAND MÊME...
FAUDRA EXPLIQUER TOUT ÇA DEVANT L'HISTOIRE.
« LA MOITIÉ DE L'HUMANITÉ VIT AVEC MOINS DE 2 DOLLARS PAR JOUR. C'EST UN VRAI PROBLÈME POSÉ À LA CONSCIENCE HUMAINE. »
... A DIT CHIRAC.
A L'ÎLE MAURICE, SA SUITE COÛTAIT 3 000 DOLLARS PAR NUIT.
C'est à ce prix que vous mangez du sucre en Europe.
POUR CERTAINS LES EXPLICATIONS SERONT PLUS DIFFICILES...

... ET LES JUSTIFICATIONS PAS ÉVIDENTES.
OÙ SONT CES BIENFAITS QU'ÉTAIT CENSÉ APPORTER LE LIBRE-ÉCHANGE ?
C'EST DONC ÇA LE MODÈLE ? DES PAYS OÙ LE SALAIRE MINIMUM N'EXISTE PAS...
... OÙ IL N'Y A PAS DE SYNDICATS. OÙ L'ON FAIT TRAVAILLER LES ENFANTS...
J'APPRENDS LA MICRO
Utilisez votre PC comme un Pro !
ET C'EST CE QU'ON APPELLE MODERNITÉ ?!
+ UN CADEAU SI VOUS RÉPONDEZ SOUS 8 JOURS
PROGRÈS GARANTIS
UN DÉMANTÈLEMENT DES CONQUÊTES DÉMOCRATIQUES, UN ABANDON DU CONTRAT SOCIAL, UN RETOUR AU CAPITALISME DU 19e SIÈCLE !
REJET DE L'ÉTAT PROVIDENCE. SACCAGES ÉCOLOGIQUES. EXPLOSION DES INÉGALITÉS, DE LA PAUVRETÉ ET DU CHÔMAGE.
LA MODERNISATION ÉCONOMIQUE N'A FAIT QU'AGGRAVER LA MISÈRE.
DANS PLUS DE 70 PAYS LE REVENU DES HABITANTS EST INFÉRIEUR À CE QU'IL ÉTAIT IL Y A 20 ANS !

Collectionne les 16 cartes des patrons les plus riches de France
Avec leur salaire !
avec Mr Ferraille
MF
DECOUVRE LE HÉROS QUI EST EN TOI !
MAIS SUR CETTE IMMENSE COULÉE DE BOUE CERTAINS AMASSENT DES RICHESSES CONSIDÉRABLES !
Thierry Desmaret
Totalfinaelf
2 225 000 € (14 595 000 Frs)
Jean Marie Messier
Vivendi-Universal
5 120 000 € (33 584 998 Frs)
LES 3 PERSONNES LES PLUS RICHES DU MONDE POSSÈDENT UNE FORTUNE SUPÉRIEURE À LA SOMME DES P.I.B DES 48 PAYS LES PLUS PAUVRES !
Serge Tchuruk
Alcatel
2 675 000 € (17 546 850 Frs)
Franck Ribaud
Danone
2 366 000 € (15 519 900 Frs)

ET CETTE SITUATION EST VALABLE PARTOUT.
IL Y A 60 MILLIONS DE PAUVRES AUX ÉTATS-UNIS, LE PAYS LE PLUS RICHE DU MONDE !
... ET L'EUROPE LIBÉRALE SE CONSTRUIT SUR LE DOS DE 65 MILLIONS D'EXCLUS !
SEPTEMBRE 1999.
MICHELIN ANNONCE 7500 SUPPRESSIONS D'EMPLOIS EN MÊME TEMPS QUE DES PROFITS RECORD.
PEUPLES OUBLIÉS
L'année du Siecle
EN 1997 LES FIRMES EXPORTATRICES FRANÇAISES ONT FAIT 160 MILLIARDS DE FRANCS DE BÉNÉFICES ! LA BOURSE DE PARIS A GRIMPÉ DE 29,5 %. LA PRODUCTION DE BIENS A AUGMENTÉ DE 70 %...
ET LE NOMBRE DE CHÔMEURS A ÉTÉ MULTIPLIÉ PAR 7.

PRUNE...
... A UN COUSIN QUI TRAVAILLE DANS UNE GROSSE BOÎTE DU COIN.
CETTE ANNÉE ON LEUR A EXPLIQUÉ QU'ILS AVAIENT BIEN TRAVAILLÉ, QUE L'ENTREPRISE AVAIT MÊME GAGNÉ DE L'ARGENT...
1
3
2
MAIS « LES ACTIONNAIRES, LE JEU DU MARCHÉ, ET LA SITUATION INTERNATIONALE... », IMPOSENT UNE AUGMENTATION DES MARGES.
ALORS ON LEUR LAISSAIT LE CHOIX. 2 SOLUTIONS. SOIT ILS ACCEPTAIENT TOUS UNE BAISSE DE SALAIRE...
SOIT UNE PARTIE D'ENTRE EUX SERAIENT LICENCIÉS.
LE COUSIN DE PRUNE VIENT D'AVOIR UN GAMIN. IL NE PEUT PAS SE PERMETTRE UNE BAISSE DE SALAIRE...
MAIS L'AUTRE SOLUTION EST ÉGALEMENT IMPENSABLE...

ALORS BIEN SÛR, LA FRANCE N'EST PAS LE MEXIQUE. LÀ-BAS LES PAUVRES SONT PLUS PAUVRES.
LES CHÔMEURS PLUS NOMBREUX. LES TRAVAILLEURS PLUS EXPLOITÉS.
ALORS EUX, ILS ONT MARCOS.
ET NOUS NICOLE NOTAT.
MAIS LES LOGIQUES SONT LES MÊMES.
ET LA MISÈRE DU SUD EST UNE SOLUTION QUI PERMET DE PESER ICI SUR LES SALAIRES...
CYNISME ET BRUTALITÉ...
QUOI FAIRE ?
LE COEUR DU PROBLÈME SE CACHE QUELQUE PART, INHUMAIN, HORS DE PORTÉE, SPÉCULANT DERRIÈRE UN ÉCRAN.
PAR QUEL BOUT S'Y PRENDRE ?

Entrée
COMMENT FAIRE FACE AU DOGMATISME CRUEL DES SIRÈNES LIBÉRALES ?
SÉISME FINANCIER EN ASIE, EFFONDREMENT ÉCONOMIQUE EN RUSSIE, CRISES EN AMÉRIQUE LATINE.... RIEN N'AFFECTE LA MARCHE AVEUGLE DE LA DOCTRINE.
UN PEU COMME POUR LES STALINIENS AVEC LE COMMUNISME : AUCUN ESPOIR DÉÇU NE SEMBLE INVALIDER LA DIRECTION.
L'IMPORTANT DANS LA VOYANCE C'EST D'AVOIR DES RÉSULTATS
CONFIANCE, Monsieur MINC
GRAND VOYANT MEDIUM ASTROLOGUE
Dons de naissance, Réussite, Chance en Bourse, Désenvoûtement, Examen, Concours, Travail, Succès, Chance aux jeux, Affaires, Difficultés financières, Attraction de clientèle pour vendeurs. Lutte contre l'alcoolisme,... Argent, des milliers de gens l'ont déjà consulté, travaille aussi par correspondance.
PAIEMENT APRES RESULTAT, OU FACILITES
(PAR CORRESPONDANCE, JOINDRE ENVELOPPE TIMBREE)
RECOIT 7JOURS/7 DE 9H A 20H45 TEL42.55.20.36
DE LA MERDE THÉORIQUE POUR HABILLER LE VIEUX CRIME HISTORIQUE DES PRIVILÈGES, DE LA RICHESSE ET DE L'IMPUNITÉ.
UNE IMPROVISATION SANS COHÉRENCE, NI PERSPECTIVE HISTORIQUE.
LES VIEILLES CREVURES DE DROITE N'EN DÉMORDENT PAS.
« LE MARCHÉ PARTAGE AU MIEUX LES RICHESSES, » RÉPÈTENT-ILS ENCORE ET ENCORE...
TOUT EN BOUCLANT LES FRONTIÈRES DE L'EUROPE FORTERESSE.

PARCE QUE, BIEN SÛR, UNE TELLE SITUATION D'INÉGALITÉ NE PEUT PAS FAIRE L'ÉCONOMIE D'UN SYSTÈME SÉCURITAIRE ET RÉPRESSIF.
RENFORÇANT LES RANCŒURS.
LES CRISPANT PLUS ENCORE. JUSQU'À CHANGER LEUR NATURE.
Tarzan
AOUT 1998. CLINTON BOMBARDE DES CAMPS D'ENTRAÎNEMENT TERRORISTES EN AFGHANISTAN... DE FAÇON PRÉVENTIVE.
PLUS CE SYSTÈME EXPLOITERA LE SUD, PLUS IL NOURRIRA LA COLÈRE DES OPPRIMÉS...
QUINCAILLERIE
... LEUR VIOLENCE.
LES ZAPATISTES, EUX, ONT REFUSÉ DE RENONCER À LA VOIE POLITIQUE.
Corbeill
Erreur Systeme
Impossible de faire
sser cet élement
ns la corbeille.
OK
ILS ONT TENTÉ DE CRÉER UN LIEU CIVIL D'ÉCHANGE, DE CONTESTATION, ET D'INVENTION.
Mes documents

« NOUS NE SOMMES PAS LÀ POUR FERMER, MAIS POUR RELANCER. NOTRE BUT : DONNER LA PAROLE À LA SOCIÉTÉ CIVILE... »
« NOUS NE SOMMES NI LES SEULS, NI LES MEILLEURS...
... NOUS N'AVONS PAS LA VÉRITÉ, NI RÉPONSE À TOUT. »
... POURVU QU'ON SUSCITE LES BONNES QUESTIONS. »
BOURSE DU TRAVAIL

Chapitre 2

EN JANVIER DERNIER JE SUIS REVENU DU CHIAPAS PLUS MOTIVÉ ENCORE QU'AVANT.
BOURSE DU TRAVAIL
A MORELIA, AVEC LES ZAPATISTES IL Y A EU DES MOMENTS UNIQUES.
UN SOUFFLE.
CE SENTIMENT DE VOIR S'INCARNER, ENFIN, LA RÉSISTANCE.

... J'AI ÉCRIT AU
DIPLOMATIQUE.
DU COUP J'AI ÉCRIS UNE DEUXIÈME FOIS AU MONDE DIPLOMATIQUE.
COMME L'ONT FAIT PLUSIEURS MILLIERS
ÉTATS DÉSTABILISÉS PAR LES MARCHÉS FINANCIERS.
MOUVEMENTS DE CAPITAUX SPÉCULATIFS DÉVASTATEURS.
« LE DÉSARMEMENT DU POUVOIR FINANCIER, DISAIT RAMONET, DOIT DEVENIR UN CHANTIER CIVIQUE. »
ET IL RELANCE L'IDÉE DE CETTE TAXE TOBIN.
« IL S'AGIT DE TAXER, DE MANIÈRE MODIQUE, TOUTES LES TRANSACTIONS SUR LE MARCHÉ DES CHANGES... »
L'ÉDITORIAL D'IGNACIO RAMONET S'APPELLE «DÉSARMER LES MARCHÉS»
DANS SON ÉDITO IGNACIO RAMONET
« AU TAUX DE 0,1 %, LA TAXE TOBIN PROCURERAIT PAR AN, QUELQUE 166 MILLIARDS DE DOLLARS, DEUX FOIS PLUS QUE LA SOMME ANNUELLE NÉCESSAIRE POUR ÉRADIQUER L'EXTRÊME PAUVRETÉ D'ICI AU DÉBUT DU SIÈCLE. »
L'IDÉE EST SIMPLE. ELLE OFFRE, ENFIN, UN ANGLE D'ATTAQUE CONCRET. ET DES CENTAINES DE LECTEURS ÉCRIVENT, COMME MOI, POUR SOUTENIR LE PROJET.

FINALEMENT ATTAC EST FONDÉ EN JUIN 1998.
Salle B
SALUT PATRICK.
ÇA VA ?
PARTOUT EN FRANCE DES COMITÉS LOCAUX SONT APPARUS SPONTANÉMENT.
HÉ ! SALUT PIGNOUF !
RESTE TRANQUILLE TOI ! SINON J'APPELLE TA MÈRE
A LYON NOUS AVONS CRÉÉ ATTAC-RHÔNE EN JANVIER 1999.
ÇA VA ?
OUAIS... ON A ENCORE UN ORDRE DU JOUR SUPER CHARGÉ !
FALLAIT PAS ACCEPTER CE BOULOT... JE T'AVAIS PRÉVENU...
IL Y A QUELQUE CHOSE D'ASSEZ INCROYABLE DANS CETTE ÉMERGENCE SPONTANÉE...
BON... ON COMMENCE ?
ET CETTE COHÉSION IMMÉDIATE.

DES GENS, QUI NE SE CONNAISSAIENT PAS...
BIEN. JE CROIS QUE ANNIE AVAIT DES POINTS D'ORGANISATION À VOIR.
... PARTAGEANT LES MÊMES ENVIES. ADHÉRANT AUX MÊMES OBJECTIFS.
IL FAUT PARLER DE LA CONF SUR LES FONDS DE PENSION ...
AVEC CE MÊME DÉSIR DE GENS.
IL Y A AUSSI UN POINT CONSACRÉ AU GROUPE QUESTIONS ÉCONOMIQUES.
SOUMETTRE LA GLOBALISATION À L'ANALYSE, SE RÉAPPROPRIER LES MÉCANISMES ÉCONOMIQUES ...
... POUR RÉSISTER À CETTE CROYANCE EN L'ÉCONOMIE DE MARCHÉ.
... ET PUIS LA MOBILISATION CONTRE LE MILLÉNIUM ROUND DE L'OMC...
CERTAINES PERSONNES CONSACRENT UN TEMPS INCROYABLE À CE BOULOT.
ÇA FORCE LE RESPECT.

APRÈS DES ANNÉES DE FRUSTRATION POLITIQUE IL Y A TOUT D'UN COUP LA POSSIBILITÉ D'UNE DÉMARCHE COLLECTIVE. DES PERSONNES, COMME MOI, JUSQUE LÀ ISOLÉES PAR LE DISCOURS DOMINANT, MAIS REFUSANT D'ACCEPTER LA RÉALITÉ UNIQUE, ET CE SCANDALEUX PARTAGE DU MONDE EN FONCTION DES INTÉRÊTS DU NORD.
LES GENS DU TIERS-MONDE ONT BESOIN DE CETTE SOLIDARITÉ.
jour!
NOUS POUVONS LEUR FOURNIR DES MARGES DE SURVIE EN PERTURBANT ICI LE SYSTÈME QUI LES OPPRESSE.
MONDE
PAS
MARCHANDISE
C'EST NOTRE RESPONSABILITÉ COLLECTIVE.
INITIER UNE CRITIQUE PUISSANTE DE LA DOCTRINE NÉOLIBÉRALE. ET UNE RENAISSANCE DE LA CONTESTATION.
INDIQUER DE QUEL CÔTÉ SE SITUE LE PROGRÈS.
L'ÉDUCATION POPULAIRE COMME INSTRUMENT DE SUBVERSION POLITIQUE.
DEPUIS UN AN ON TRAVAILLE AVEC MARLÈNE SUR CETTE QUESTION DE LA TAXATION DES TRANSACTIONS FINANCIÈRES.

L'IDÉE EST D'INTRODUIRE DES TAXES GLOBALES POUR RÉDUIRE LES EFFETS PERVERS DU LIBÉRALISME.
ET NOTAMMENT CE DÉVELOPPEMENT ABERRANT DE L'HYPER-SPÉCULATION.
PROJETER L'IMPÔT À L'ÉCHELLE INTERNATIONALE C'EST EN FAIRE UN INSTRUMENT DE MAÎTRISE DE LA MONDIALISATION...
ET DE PARTAGE DES RICHESSES.
C'EST D'AILLEURS LA NATURE MÊME DE L'IMPÔT, QUI EST UN INSTRUMENT DE SOLIDARITÉ POUR CORRIGER LES INÉGALITÉS.
UN INSTRUMENT À RÉHABILITER.
LES SOMMES À RÉCOLTER SONT FARAMINEUSES.
À LA MESURE DES ÉCARTS DE RICHESSE QU'ORGANISE LE LIBÉRALISME.

UNE TAXE TOBIN, DE 0,1 % SUR LES TRANSACTIONS DE CHANGE, RAPPORTERAIT ENVIRON 100 MILLIARDS DE DOLLARS PAR AN...
ÇA C'EST UNE ESTIMATION DE ?
DE LA BANQUE DES RÈGLEMENTS INTERNATIONAUX.
IL FAUT LE MARQUER. INDIQUER NOS SOURCES.
SI LES PAYS DÉVELOPPÉS CONSACRAIENT 0,7 % DE LEUR PIB À L'AIDE PUBLIQUE AU DÉVELOPPEMENT, ON POURRAIT RÉCOLTER 150 MILLIARDS DE DOLLARS POUR LES PAYS DU SUD.
UN IMPÔT SUR LES INVESTISSEMENTS DIRECTS À L'ÉTRANGER, QUI SONT SOUVENT UN MOYEN D'ALLER POLLUER LES PAYS DU TIERS-MONDE, GÉNÉRERAIT 193 MILLIARDS DE DOLLARS CHAQUE ANNÉE.
EN TAXANT À 50% LES 1000 PREMIÈRES ENTREPRISES MULTINATIONALES...
... ON RÉCOLTERAIT 423 MILLIARDS DE DOLLARS.
ET LA MISE EN PLACE DE TAXES ÉCOLOGIQUES, NOTAMMENT SUR LE DIOXYDE DE CARBONE, RAPPORTERAIT ENCORE 126 MILLIARDS DE DOLLARS.

ATTENDS.
LE PLUS BEAU...
EN IMPOSANT À 50 % LES 225 PLUS GROSSES FORTUNES DU MONDE ON OBTIENDRAIT ENCORE 500 MILLIARDS DE DOLLARS.
BIEN SÛR CE NE SONT QUE DES ORDRES DE GRANDEUR.
MAIS ON EN EST DÉJÀ À ENVIRON 1500 MILLIARDS DE DOLLARS.
C'EST DE LA FOLIE...
L'ARGENT EST LA..
DERNIER ORDRE DE GRANDEUR...
UN PLAN D'ACCÈS UNIVERSEL AUX PROGRAMMES SOCIAUX DE BASE COÛTERAIT SEULEMENT ... 80 MILLIARDS DE DOLLARS PAR AN.

ÇA SEMBLE PRESQUE TROP SIMPLE.
EN DEHORS DU REVENU QU'ON PEUT EN ATTENDRE, LA TAXE TOBIN AURAIT AUSSI UNE FONCTION STABILISATRICE . . .
DANS LA MESURE OÙ LES SPÉCULATEURS RÉALISENT DE MULTIPLES OPÉRATIONS D'ACHATS ET DE VENTES, DES ALLERS-RETOURS INCESSANTS, À TRÈS COURT TERME...
... UNE TAXE TOBIN, QUI S'APPLIQUERAIT À CHAQUE OPÉRATION ANNULERAIT LES BÉNÉFICES, ET SERAIT PROBABLEMENT CE FAMEUX « GRAIN DE SABLE DANS LES ROUAGES DE LA SPÉCULATION » ...
J. P. ALLÉGRET, CHERCHEUR AU GATE
MAIS DE TOUTE FAÇON UNE TAXE DE QUELQUES DIXIÈMES DE POINTS ...
... NE SERAIT PAS SUFFISANTE POUR ÉVITER LES GRANDES CRISES SPÉCULATIVES, COMME EN ASIE DU SUD-EST...
IL FAUDRAIT PASSER À DES MÉCANISMES PLUS COMPLEXES. UNE TAXE À TAUX VARIABLE, TYPE TAXE SPAHN...
... NON, C'EST PAS SI SIMPLE...

EN FAIT LE PLUS IMPORTANT PEUT-ÊTRE DANS CETTE IDÉE...
... ET MÊME S'IL PEUT Y AVOIR DÉBAT SUR L'IDÉE DE « RÉGULER » LE MARCHÉ...
... PLUTÔT QUE DE S'EN DÉBARASSER...
... C'EST QUE LA MISE EN PLACE DE CES TAXES, SIGNIFIERAIT UN RÉAJUSTEMENT POLITIQUE.
LA FIN DU LIBRE AFFAIRISME.
ON A ENFIN DES BILLES POUR TENIR UN CONTRE-DISCOURS...
DES ALTERNATIVES À PROPOSER...
ET L'IMPRESSION, POUR LA PREMIÈRE FOIS, DE POUVOIR ATTRAPER CETTE RÉALITÉ...
... ET LA TORDRE.

UNE AUTRE VERTU DE LA TAXE TOBIN, C'EST QU'ELLE OUVRE LA BOÎTE DE PANDORE DU LIBÉRALISME.
QUAND ON COMMENCE À BOSSER LÀ-DESSUS, ET SI ON PARLE D'UN SYSTÈME DE TAXES GLOBALES ...
... ALORS ON EST OBLIGÉ DE SE PENCHER SUR LES POLITIQUES DE LIBÉRALISATION DES DERNIÈRES DÉCENNIES...
ET LES TROUS NOIRS DE LA FINANCE.
QUAND REAGAN ET THATCHER ONT ENCOURAGÉ L'ABSENCE DE CONTRÔLE SUR LES MOUVEMENTS DE CAPITAUX...
... ILS ONT FAVORISÉ L'EXPANSION DE LA FINANCE HORS-LA-LOI.
DE VOTRE REVENU IMPOSA
REDUISEZ VOS IMPOTS JUSQU'A... 65%
DU COUP LE NOMBRE DE PARADIS FISCAUX A EXPLOSÉ AU COURS DES 30 DERNIÈRES ANNÉES.
AVANTAGES EXCEPTIONNELS

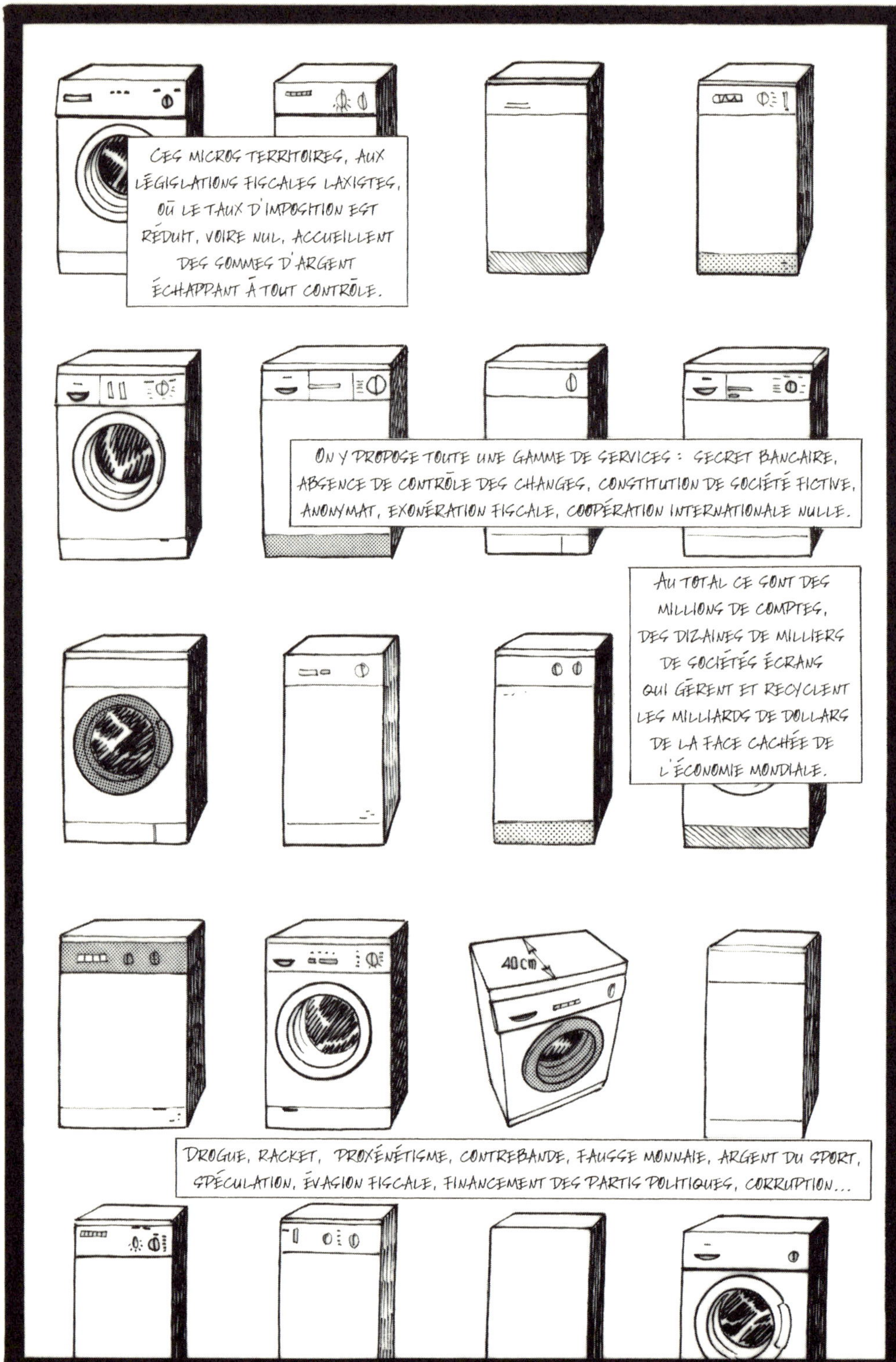
CES MICROS TERRITOIRES, AUX LÉGISLATIONS FISCALES LAXISTES, OÙ LE TAUX D'IMPOSITION EST RÉDUIT, VOIRE NUL, ACCUEILLENT DES SOMMES D'ARGENT ÉCHAPPANT À TOUT CONTRÔLE.
ON Y PROPOSE TOUTE UNE GAMME DE SERVICES : SECRET BANCAIRE, ABSENCE DE CONTRÔLE DES CHANGES, CONSTITUTION DE SOCIÉTÉ FICTIVE, ANONYMAT, EXONÉRATION FISCALE, COOPÉRATION INTERNATIONALE NULLE.
AU TOTAL CE SONT DES MILLIONS DE COMPTES, DES DIZAINES DE MILLIERS DE SOCIÉTÉS ÉCRANS QUI GÈRENT ET RECYCLENT LES MILLIARDS DE DOLLARS DE LA FACE CACHÉE DE L'ÉCONOMIE MONDIALE.
40 cm
DROGUE, RACKET, PROXÉNÉTISME, CONTREBANDE, FAUSSE MONNAIE, ARGENT DU SPORT, SPÉCULATION, ÉVASION FISCALE, FINANCEMENT DES PARTIS POLITIQUES, CORRUPTION...

ILS ATTIRENT VERS EUX TOUS CEUX QUI SOUHAITENT SOUSTRAIRE LEUR FORTUNE À L'IMPÔT.
UNE ÉNORME INDUSTRIE QUI GÈRE PRÈS DE 20% DE LA RICHESSE PRIVÉE MONDIALE...
SECRET BANCAIRE
EVASION FISCALE
ET QUI FOURNIT AUX CRIMINELS L'OCCASION DE RÉINTEGRER LEURS GAINS ILLICITES DANS L'ÉCONOMIE ET LA FINANCE.
PAR LEUR BIAIS LE CRIME ORGANISÉ PÉNÈTRE PROGRESSIVEMENT TOUS LES SECTEURS DE L'ÉCONOMIE MONDIALE.
1 000 MILLIARDS DE DOLLARS ANNUELS! PRÈS DE 20% DU COMMERCE MONDIAL!
EN SOMME LES PARADIS FISCAUX BÉNÉFICIENT À DES PRIVILÉGIÉS QUI S'AFFRANCHISSENT DES RÈGLES COMMUNES DE LA SOCIÉTÉ, DONT L'IMPÔT...
PENDANT QUE LES AUTRES Y RESTENT SOUMIS.

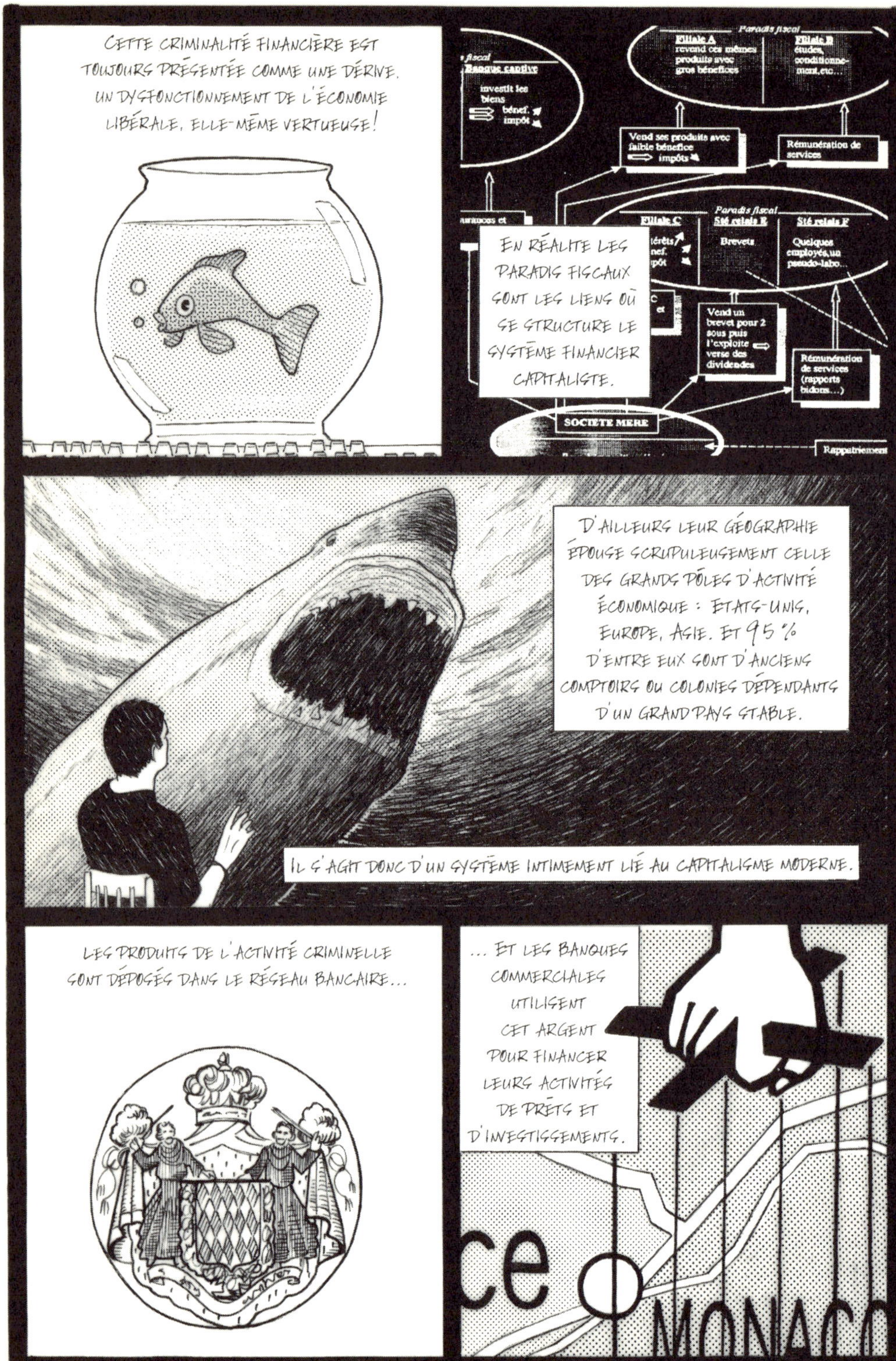
CETTE CRIMINALITÉ FINANCIÈRE EST TOUJOURS PRÉSENTÉE COMME UNE DÉRIVE, UN DYSFONCTIONNEMENT DE L'ÉCONOMIE LIBÉRALE, ELLE-MÊME VERTUEUSE !
Paradis fiscal
Filiale A revend ces mêmes produits avec gros bénéfices
Filiale B études, conditionnement, etc...
Banque captive
investit les biens
Vend ses produits avec faible bénéfice
Rémunération de services
Paradis fiscal
Filiale C
Sté relais E
Brevets
Sté relais F
Quelques employés, un pseudo-labo...
Vend un brevet pour 2 sous puis l'exploite verse des dividendes
Rémunération de services (rapports bidons...)
SOCIETE MERE
Rappatriement
EN RÉALITÉ LES PARADIS FISCAUX SONT LES LIENS OÙ SE STRUCTURE LE SYSTÈME FINANCIER CAPITALISTE.
D'AILLEURS LEUR GÉOGRAPHIE ÉPOUSE SCRUPULEUSEMENT CELLE DES GRANDS PÔLES D'ACTIVITÉ ÉCONOMIQUE : ETATS-UNIS, EUROPE, ASIE. ET 95 % D'ENTRE EUX SONT D'ANCIENS COMPTOIRS OU COLONIES DÉPENDANTS D'UN GRAND PAYS STABLE.
IL S'AGIT DONC D'UN SYSTÈME INTIMEMENT LIÉ AU CAPITALISME MODERNE.
LES PRODUITS DE L'ACTIVITÉ CRIMINELLE SONT DÉPOSÉS DANS LE RÉSEAU BANCAIRE...
... ET LES BANQUES COMMERCIALES UTILISENT CET ARGENT POUR FINANCER LEURS ACTIVITÉS DE PRÊTS ET D'INVESTISSEMENTS.
ce
MONACO

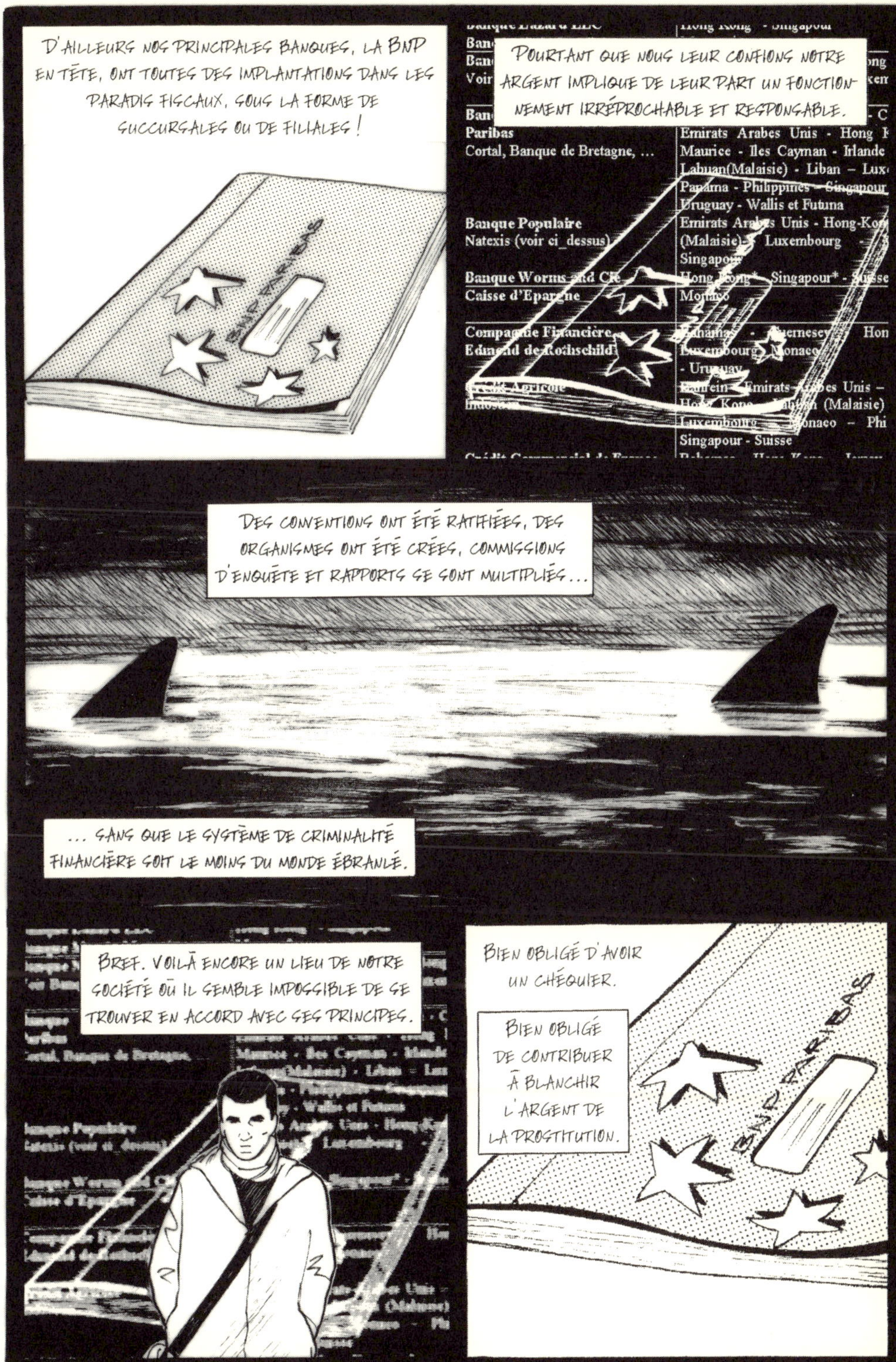
D'AILLEURS NOS PRINCIPALES BANQUES, LA BNP EN TÊTE, ONT TOUTES DES IMPLANTATIONS DANS LES PARADIS FISCAUX, SOUS LA FORME DE SUCCURSALES OU DE FILIALES !
POURTANT QUE NOUS LEUR CONFIONS NOTRE ARGENT IMPLIQUE DE LEUR PART UN FONCTIONNEMENT IRRÉPROCHABLE ET RESPONSABLE.
DES CONVENTIONS ONT ÉTÉ RATIFIÉES, DES ORGANISMES ONT ÉTÉ CRÉES, COMMISSIONS D'ENQUÊTE ET RAPPORTS SE SONT MULTIPLIÉS...
... SANS QUE LE SYSTÈME DE CRIMINALITÉ FINANCIÈRE SOIT LE MOINS DU MONDE ÉBRANLÉ.
BREF. VOILÀ ENCORE UN LIEU DE NOTRE SOCIÉTÉ OÙ IL SEMBLE IMPOSSIBLE DE SE TROUVER EN ACCORD AVEC SES PRINCIPES.
BIEN OBLIGÉ D'AVOIR UN CHÉQUIER.
BIEN OBLIGÉ DE CONTRIBUER À BLANCHIR L'ARGENT DE LA PROSTITUTION.
BNP PARIBAS

ICI ENCORE L'INFORMATION EST CAPITALE. PARCE QUE LES PARADIS FISCAUX PROSPÈRENT DANS L'OMBRE, ET LE SECRET.
ARISTOTE DISAIT : « QUI EST CITOYEN ? EST CITOYEN CELUI QUI EST CAPABLE DE GOUVERNER ET D'ÊTRE GOUVERNÉ. »
ALORS QUE TOUTE LA VIE POLITIQUE ACTUELLE VISE PRÉCISEMENT À NOUS DÉSAPPRENDRE.
C'EST TOUT LE PROBLÈME DU RÔLE DES CITOYENS, DE LA COMPÉTENCE DE CHACUN POUR EXERCER SES DROITS...
ET DE L'ENVIE DE LE FAIRE...
PARCE QUE, MALGRÉ LES APPARENCES, TOUTE LA POPULATION, SAUF 3% AU SOMMET, AURAIT INTÉRÊT À UN CHANGEMENT RADICAL DE LA SOCIÉTÉ...

25 MARS 1999.
L'OTAN A ENGAGÉ CETTE NUIT DES FRAPPES AÉRIENNES CONTRE LA SERBIE.
BIEN SÛR IL FALLAIT RÉAGIR.
Stars
marché et leurs concurrentes
LIBÉRATION
ET MAINTENANT?
ez-vous
ider
EZ SUR ARGUSAUTO
CEDEROM OFFERT
TOUS LES JOURNAUX LE DISENT. LES TROUPES DE MILOSEVIC FONT RÉGNER LA TERREUR AU KOSOVO POUR PROVOQUER UN EXODE DE MASSE.
ON PARLE DE DIZAINE DE MILLIERS DE MORTS.
Stars
MAIS COMMENT GÉRER ÇA ?
JAVIER SOLANAS, LE SECRÉTAIRE GÉNÉRAL DE L'OTAN, PARLE DE "DEVOIR MORAL".
TOUT SE BOUSCULE.

JE NE SAIS PAS CE QUE J'ATTENDAIS.
JE PENSAIS QUE QUELQUE CHOSE SERAIT DIFFÉRENT.
QUE LES GENS SERAIENT ÉMUS...
... QU'ILS LIRAIENT TOUS LE JOURNAL, JE SAIS PAS...
HUMANITAIRE OU PAS, IL S'AGIT D'UNE GUERRE...
NOUS FAISONS CETTE GUERRE.
COMMENT NE PAS ÊTRE INTERPELLÉ ?

LYON Libération
LA GUERRE
EN 1991...
... ON NOUS DISAIT QU'IL FALLAIT SAUVER LE KOWEÏT, ENVAHI PAR LES TROUPES DE SADDAM HUSSEIN.
AUJOURD'HUI ON NOUS PARLE DE DROIT D'INGÉRENCE HUMANITAIRE...
MAIS C'EST UNE GUERRE MENÉE À 5 000 MÈTRES D'ALTITUDE, POUR ÉVITER TOUTE PERTE DANS LES RANGS DES BIENFAITEURS ...
... ET QUI CAUSERA DE TRÈS NOMBREUSES VICTIMES DANS CETTE POPULATION CIVILE QUE NOUS VENONS « DÉFENDRE ».
C'EST PAS LA PREMIÈRE FOIS...
... QU'ON NOUS PARLE DE BOMBARDEMENTS ÉTHIQUES.

LES USA EN GRANDS LIBÉRATEURS...
C'EST BIEN L'IMAGE QU'ILS NOUS VENDENT, C'EST VRAI.
ON VOUDRAIT POUVOIR Y CROIRE ENCORE.
525
ON VOUDRAIT BIEN SE LAISSER ALLER...
ILLION
TF1
NE PLEURER QUE QUAND ON NOUS LE DIT. OUBLIER DE SE POSER DES QUESTIONS.
OUBLIER QU'EN IRAK UN DEMI-MILLION D'ENFANTS SONT MORTS À CAUSE DE L'EMBARGO AMÉRICAIN.
OUBLIER AUSSI QU'IL Y AVAIT AUTANT DE RAISONS "MORALES ET HUMANITAIRES"...

... POUR INTERVENIR AU KURDISTAN.
EN PALESTINE, OU AU TIBET. AU TIMOR-ORIENTAL...
AU RWANDA.
ON VOUDRAIT OUBLIER TOUT CE QU'ON SAIT DES INTERVENTIONS PRÉCÉDENTES...
ON VOUDRAIT CROIRE QUE CE DROIT D'INGÉRENCE HUMANITAIRE N'EST PAS SEULEMENT LE DROIT DU PLUS FORT.
ON VOUDRAIT Y CROIRE POUR DE VRAI...
JOURNAL DE 13H
CETTE FOIS...

16 OCTOBRE 1998. LE GÉNÉRAL PINOCHET EST ARRÊTÉ À LONDRES, À L'INSTIGATION DU JUGE ESPAGNOL BALTAZAR GARZON.
À LYON, ET DANS LES AUTRES VILLES DE FRANCE, DES MILLIERS DE PERSONNES ENVAHISSENT SPONTANÉMENT LES RUES POUR MANIFESTER LEUR ÉMOTION.
CONSCIENTS DE L'IMPORTANCE HISTORIQUE DE L'ÉVÉNEMENT DES GRAPPES DE JEUNES S'AGRIPPENT AUX RÉVERBÈRES, LES KLAXONS SE DÉCHAÎNENT...
À MARSEILLE, BORDEAUX, STRASBOURG, PARTOUT ON RETROUVE LA MEME LIESSE, LES MÊMES VISAGES...
LCI
C'EST LA FRANCE ENTIÈRE QUI MANIFESTE!
APRÈS L'INCRÉDULITÉ, PUIS L'EUPHORIE DE LA NOUVELLE, CERTAINS CRAQUENT, LE VISAGE CACHÉ DANS LEURS MAINS...

LES FRANÇAIS, SOLIDAIRES, SONT SORTIS EN MASSE POUR RENDRE HONNEUR À CETTE INTERNATIONALE DES DROITS DE L'HOMME QUI SE FONDE CE SOIR...
... PAR LEUR MOBILISATION, ILS ONT PROUVÉ QU'AUJOURD'HUI, PLUS QUE JAMAIS, UNE PAGE EST TOURNÉE POUR LES DICTATEURS, PARTOUT DANS LE MONDE...
OK ! OK ! J'ARRÊTE !
C'EST BON...
JE DÉCONNE...
C'EST VRAI, C'EST PAS DRÔLE...
ALLEZ, ON REPREND...

D'APRÈS LES RAPPORTS OFFICIELS, LE VIEILLISSEMENT DE LA POPULATION EN FRANCE REMETTRAIT EN QUESTION L'ACTUEL SYSTÈME DE RETRAITES PAR RÉPARTITION.
ET CELUI-CI DEVRAIT ÊTRE COMPLÉTÉ, VOIRE REMPLACÉ PAR UN SYSTÈME DE FONDS DE PENSION...
EFFECTIVEMENT, LA DURÉE DE VIE D'UN HOMME À LA RETRAITE S'EST ACCRUE DE 5 ANS EN MOYENNE, ET LE RAPPORT ACTIFS-INACTIFS NE CESSE DE SE DÉGRADER.
NOMBRE ANNUEL DE NOUVEAUX RETRAITES
AUJOURD'HUI LA POPULATION AU TRAVAIL REPRÉSENTE ENVIRON 2,9 COTISANTS POUR UN RETRAITÉ.
CE RAPPORT BAISSERA À 1,7 EN 2040, MULTIPLIANT LES DÉPENSES DE RETRAITE PAR 1,5.
PERSONNE NE DISCUTE CE CONSTAT. CE QUI EST EN CAUSE CE SONT LES CONSÉQUENCES QU'ON EN TIRE.
LES BANQUIERS ET LES ASSUREURS AFFIRMENT QUE CETTE HAUSSE DE COTISATION SERAIT « INSUPPORTABLE »...
MAIS C'EST OUBLIER QUE LA PRODUCTIVITÉ HORAIRE DE CHAQUE SALARIÉ AUGMENTE AU RYTHME MOYEN DE 2% PAR AN.

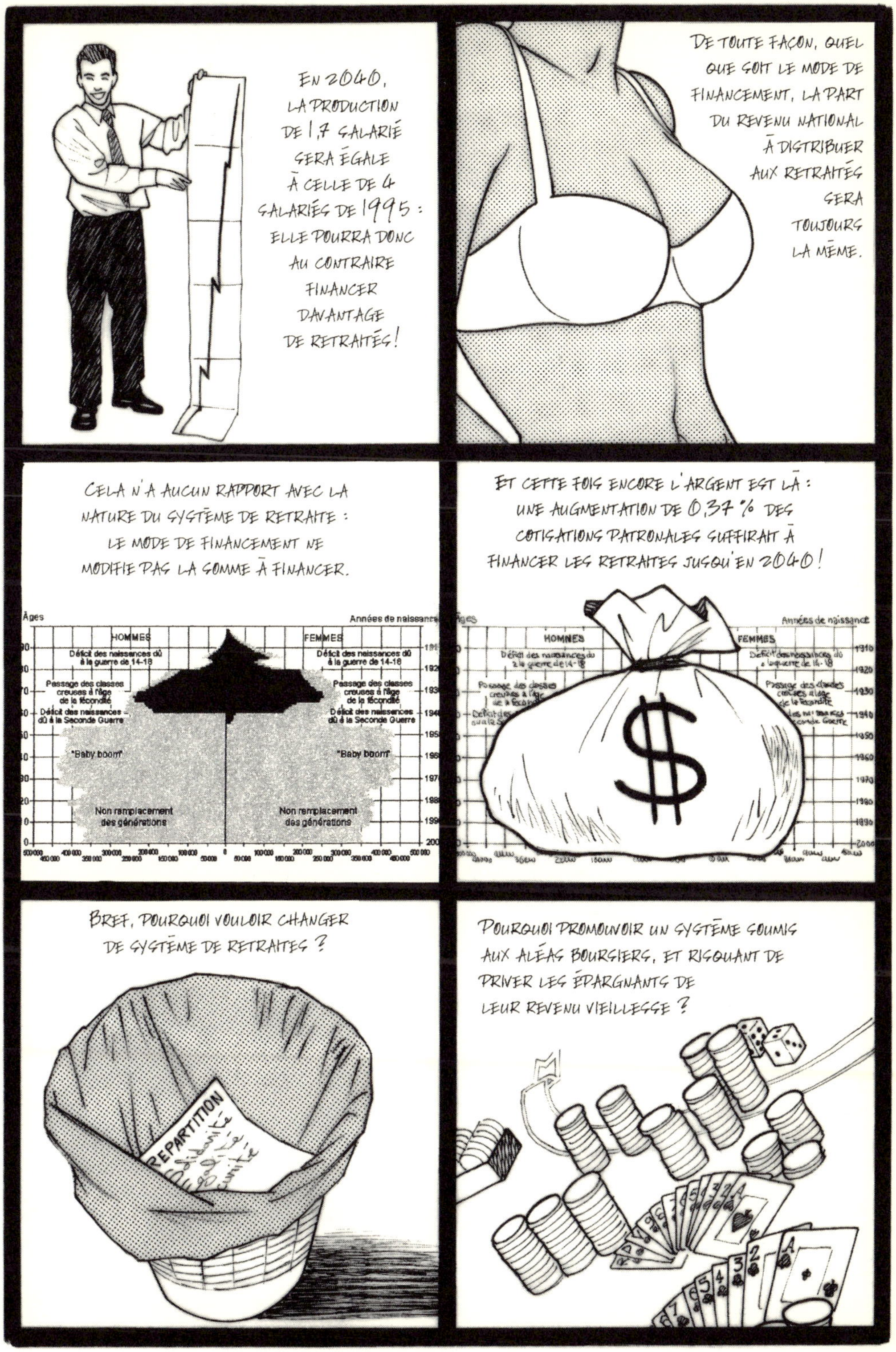
EN 2040, LA PRODUCTION DE 1,7 SALARIÉ SERA ÉGALE À CELLE DE 4 SALARIÉS DE 1995 : ELLE POURRA DONC AU CONTRAIRE FINANCER DAVANTAGE DE RETRAITÉS !
DE TOUTE FAÇON, QUEL QUE SOIT LE MODE DE FINANCEMENT, LA PART DU REVENU NATIONAL À DISTRIBUER AUX RETRAITÉS SERA TOUJOURS LA MÊME.
CELA N'A AUCUN RAPPORT AVEC LA NATURE DU SYSTÈME DE RETRAITE : LE MODE DE FINANCEMENT NE MODIFIE PAS LA SOMME À FINANCER.
Âges
Années de naissance
HOMMES
FEMMES
Déficit des naissances dû à la guerre de 14-18
Passage des classes creuses à l'âge de la fécondité
Déficit des naissances dû à la Seconde Guerre
"Baby boom"
Non remplacement des générations
ET CETTE FOIS ENCORE L'ARGENT EST LÀ : UNE AUGMENTATION DE 0,37 % DES COTISATIONS PATRONALES SUFFIRAIT À FINANCER LES RETRAITES JUSQU'EN 2040 !
$
BREF, POURQUOI VOULOIR CHANGER DE SYSTÈME DE RETRAITES ?
RÉPARTITION
POURQUOI PROMOUVOIR UN SYSTÈME SOUMIS AUX ALÉAS BOURSIERS, ET RISQUANT DE PRIVER LES ÉPARGNANTS DE LEUR REVENU VIEILLESSE ?

ON NOUS DIT QUE L'OBJECTIF SERAIT DE STIMULER LA CROISSANCE PAR UNE INJECTION DE CAPITAUX FRAIS...
« LES ENTREPRISES ONT DE PLUS EN PLUS BESOIN D'ARGENT, LEUR CROISSANCE EST FREINÉE PAR LE MANQUE D'ÉPARGNE... »
MAIS C'EST FAUX ! LES ENTREPRISES FRANÇAISES N'ONT PAS BESOIN D'ARGENT ! LEUR CAPACITÉ D'AUTOFINANCEMENT EST SUPÉRIEURE À LEURS BESOINS !
DE PLUS ELLES PRÉFÈRENT UTILISER LEURS LIQUIDITÉS POUR SPÉCULER SUR LES MARCHÉS FINANCIERS PLUTÔT QUE D'INVESTIR.
AUTRE RAISON INVOQUÉE : L'ÉPARGNE LONGUE DES FONDS DE PENSION SERAIT CENSÉE STABILISER LES FINANCEMENTS BOURSIERS...
MAIS L'EXPÉRIENCE PROUVE LE CONTRAIRE ! LES GESTIONNAIRES DE FONDS DE PENSION IMPOSENT DES IMPÉRATIFS DE PROFITABILITÉ IMMÉDIATE AU DÉTRIMENT DU LONG TERME.
UN AUTRE ARGUMENT AVANCÉ : « LES FONDS DE PENSION AMÉRICAINS DÉTIENNENT LES ENTREPRISES FRANÇAISES ».
HEDGE FUNDS
DANS LES FAITS, IL EST RARE QUE LEUR PART DÉPASSE 3 % DU CAPITAL DES ENTREPRISES.

MIEUX ENCORE ! LE FAMEUX PROBLÈME DÉMOGRAPHIQUE SI PEU FATAL AU SYSTEME ACTUEL, QUOI QU'ON EN DISE, EST PAR CONTRE EXCESSIVEMENT RISQUÉ POUR LES FONDS DE PENSION. L'HYPOTHÈSE LA PLUS PROBABLE POUR LES RETRAITÉS DE LA PÉRIODE 2040 EST CELLE D'UNE OFFRE EXCESSIVE FACE À UNE FAIBLE DEMANDE...
LE PRIX DES ACTIONS BAISSERA FORCÉMENT.
... ET LE REVENU TIRÉ DES FONDS DE PENSION SERA INFÉRIEUR À CE QUI AVAIT ÉTÉ PRÉVU.
FONDS DE PENSION
C'EST DÉJÀ CE QUI SE PASSE AUX ETATS-UNIS OÙ LES FONDS DE PENSION NE COUVRENT QUE 17% DU REVENU DES RETRAITÉS.
Il est scientifiquement prouvé qu'on peut raffermir la POITRINE
sans opération
UNE VICTOIRE DU GENIE FRANCAIS
BREF VOILÀ POUR LES LENDEMAINS QUI CHANTENT. ALORS QUOI ? QUELS SONT LES VÉRITABLES ENJEUX ?

L'APPAT DU GAIN. TOUT SIMPLEMENT. CRÉER DES FONDS DE PENSION EN FRANCE PERMETTRAIT DE TRANSFÉRER L'ARGENT DES CAISSES DE LA SÉCURITÉ SOCIALE VERS LES CAISSES DES FONDS PRIVÉS !
ÇA REPRÉSENTE 170 MILLIARDS D'EUROS !
POURQUOI LAISSER TOUT CE BEL ARGENT À LA SÉCURITÉ SOCIALE ?
ET LE PLUS BEAU C'EST QUE LE CAPITAL FINANCIER PREND AUSSI, DU MÊME COUP, SES PROPRES SALARIÉS EN OTAGE ! PUISQUE RÉDUCTION DES SALAIRES ET LICENCIEMENTS DEVIENNENT LE SEUL MOYEN DE GARANTIR CES FAMEUX 15% DE MARGE BÉNÉFICIAIRE EXIGÉS PAR LES FONDS DE PENSION POUR VERSER LES RETRAITES.
FINALEMENT DANS CE SYSTÈME UBUESQUE MON LICENCIEMENT PROFITE À MA RETRAITE !
BREF. IL S'AGIT À LA FOIS D'UNE RÉGRESSION SOCIALE FONDÉE SUR DES ILLUSIONS ÉCONOMIQUES ...
ET D'UNE VRAIE MACHINE DE GUERRE CONTRE LE SALAIRE.

On retrouve la même logique avec ces primes de participation, payées en actions de l'entreprise. J'avais ça quand je bossais dans les sondages.
C'est bien pensé ! L'association aux résultats de l'entreprise se substitue à l'augmentation des salaires !
Et c'est tout bénef pour le patronat en raison des avantages fiscaux. Au total 25 milliards d'exonérations fiscales !
GAP
Autant de manque à gagner pour le budget de l'État.
Pour la collectivité. Pour nous.
Bon, on a quand même des armes de notre coté. J'avais des amis dans cette boîte. Adeline leur a pris 140 000 balles aux prud'hommes.
Et Yves 200 000.
Oui, c'est vrai... ça fait toujours plaisir.

JE CROIS QU'APRÈS IL FAUDRAIT FAIRE UN DEUXIÈME DOCUMENT. UNIQUEMENT SUR LE MARCHÉ DES CHANGES.
POUR VOIR VRAIMENT COMMENT ÇA MARCHE...
... OUI, ET COMMENT LA SPÉCULATION PEUT PLONGER DES PAYS ENTIERS DANS LA MISÈRE ...
AU FAIT TU AS VU ? LES PARLEMENTS DU CANADA ET DE LA FINLANDE SE SONT DÉCLARÉS EN FAVEUR DE LA TAXE TOBIN...
BIEN SÛR, AU DELÀ DE LA TAXE TOBIN, AU-DELÀ DES TAXES GLOBALES, C'EST TOUTE UNE SÉRIE DE MESURES QU'IL FAUDRAIT METTRE EN OEUVRE. NOTAMMENT EN CE QUI CONCERNE LES INSTITUTIONS FINANCIÈRES INTERNATIONALES.
Banque
mondiale
Pour le meilleur
et pour le pire
183
NON SEULEMENT LA FINANCE LIBÉRALISÉE A ÉTÉ LE VÉHICULE DE TOUS LES DÉSÉQUILIBRES MONDIAUX...
... MAIS CES INSTITUTIONS ONT ÉTÉ INCAPABLES DE RÉGULER LES CRISES.
PIRE ENCORE, LEURS POLITIQUES ONT AGGRAVÉ LES INÉGALITÉS.
et comme le marche
le decide

LA BANQUE MONDIALE, DONT C'ÉTAIT LA MISSION, A ÉCHOUÉ À METTRE EN PLACE DES DISPOSITIFS DE RÉDUCTION DE LA PAUVRETÉ.
LE FMI, DONT C'ÉTAIT LA MISSION, A ÉCHOUÉ À LUTTER CONTRE LES CRISES ÉCONOMIQUES ET FINANCIÈRES. ET C'EST PEU DE LE DIRE !
ET L'OMC, DONT C'ÉTAIT LA MISSION, A ÉCHOUÉ À ORGANISER LE COMMERCE MONDIAL VERS UN DÉVELOPPEMENT JUSTE ET SOLIDAIRE.
WTO
再造生
AU FINAL LE NAUFRAGE DE CES INSTITUTIONS EST COMPLET.
les logiques
spéculatives mondiales
l'insécurité
conomique
Des alternatives sont possibles,
ensemble nous pouvons enrayer
cette machine inégalitaire.
Venez vous informer et débattre le
MARDI 30 MARS 1999
à 20h30
Bourse du Travail
Susan GEORGE
Membre du bureau national d'A.T.T.A.C.
D'OÙ L'IDÉE D'UNE REPRISE EN MAIN POLITIQUE DE CES CENTRES DE DÉCISIONS.
ET LEUR MISE SOUS CONTRÔLE PAR DES ASSEMBLÉES ÉLUES, AVEC UNE PARTICIPATION DES PAYS DU SUD AUX INSTANCES DE DIRECTION.

ON SAIT QUE LA MONDIALISATION FINANCIÈRE, CONTOURNE LES INSTITUTIONS DÉMOCRATIQUES.
PARCE QU'ELLE SERT LES SEULS INTÉRETS DES ENTREPRISES TRANSNATIONALES ET DES MARCHÉS FINANCIERS, ELLE AGGRAVE L'INSÉCURITÉ ÉCONOMIQUE ET LES INÉGALITÉS.
ET C'EST PARTICULIÈREMEN LE CAS AVEC L'OMC, DONT LE PROCHAIN ROUND S'OUVRIRA À SEATTLE...
QU'EST-CE QUE C'EST QU'ATTAC ?
UN MOUVEMENT D'ÉDUCATION POPULAIRE ? OU UNE VASTE ENTREPRISE DE RÉEDUCATION DE MASSE ...
UN AVATAR DU LIBÉRALISME ?
DU POLITIQUE HORS PISTE...
SEATTLE. DÉCEMBRE 1999

NI PARTI POLITIQUE. NI LOBBY.
QUELQUE CHOSE D'ENCORE INÉDIT.
UN ÉLÉMENT D'UNE RÉSISTANCE PLUS VASTE...
UNE RÉPONSE POSSIBLE...
ENFIN.
ET CETTE TAXE TOBIN ?
GRAIN DE SABLE DANS LES ROUAGES DE LA SPÉCULATION POUR LES UNS.
SIMPLE AMÉNAGEMENT DU CAPITALISME POUR LES AUTRES.
UN EMBLÉME.
UN MOYEN D'ÊTRE PARTIE PRENANTE DE CE QUI SE DÉCIDE.
environnement

ATTAC EST TOUT SAUF UN MODÈLE. ATTAC N'EST PAS PARFAIT. MAIS SON EXISTENCE CHANGE TOUT.
POUR LA PREMIÈRE FOIS J'AI LE SENTIMENT QUE LA MONDIALISATION N'EST PLUS CETTE FATALITÉ TOUTE PUISSANTE À LAQUELLE IL FAUDRAIT SE SOUMETTRE SANS RÉPONSE.
LES RÉSISTANCES SONT NOMBREUSES. À LA MESURE DES DANGERS QUE REPRÉSENTE CETTE MAC-MONDIALISATION POUR L'HUMANITÉ.
STOP WTO
RAPPELLEZ VOUS LES GENS QUI AU DÉBUT DU SIÈCLE ONT PARLÉ POUR LA PREMIÈRE FOIS D'IMPÔT SUR LE REVENU. DE CONGÉS PAYÉS. DE SÉCURITÉ SOCIALE !
CES GENS PASSAIENT POUR DES FOUS. PERSONNE N'Y CROYAIT.
AUJOURD'HUI CES CHOSES CONSTITUENT LA BASE DE NOS VICTOIRES SOCIALES !

NOTRE COMBAT EST LE MÊME! NOUS NE SOMMES PAS DES UTOPISTES. DES DOUX RÊVEURS.
NOUS AVONS UN ADVERSAIRE PUISSANT ET DÉTERMINÉ!
WTO Profit $
WTO TOOL AGAINST DEMOCRACY
COOPERATE
PLUS NOUS NOUS DRESSERONS CONTRE EUX, PLUS ILS DURCIRONT LEUR RÉPONSE. MAIS NOUS NOUS SOMMES PROPOSÉS DE CHANGER LE MONDE !
NOUS ALLONS RENVERSER LA DOMINATION !
NOUS NE SERONS PLUS CONDAMNÉS À VIVRE AVEC LA HONTE D'AVOIR EXPLOITÉ LE RESTE DE L'HUMANITÉ!
Comment l'OMC
fut mise en échec
NOUS SOMMES EN TRAIN D'ÉCRIRE L'HISTOIRE.

Chapitre 3

28 JUIN 1914. ASSASSINAT DE L'ARCHIDUC FRANÇOIS-FERDINAND D'AUTRICHE-HONGRIE À SARAJEVO.
NUIT DU 9 AU 10 NOVEMBRE 1989.
BERLIN.
LYON.
31 DÉCEMBRE 1999.
CETTE NUIT C'EST LE PASSAGE VERS L'AN 2000.

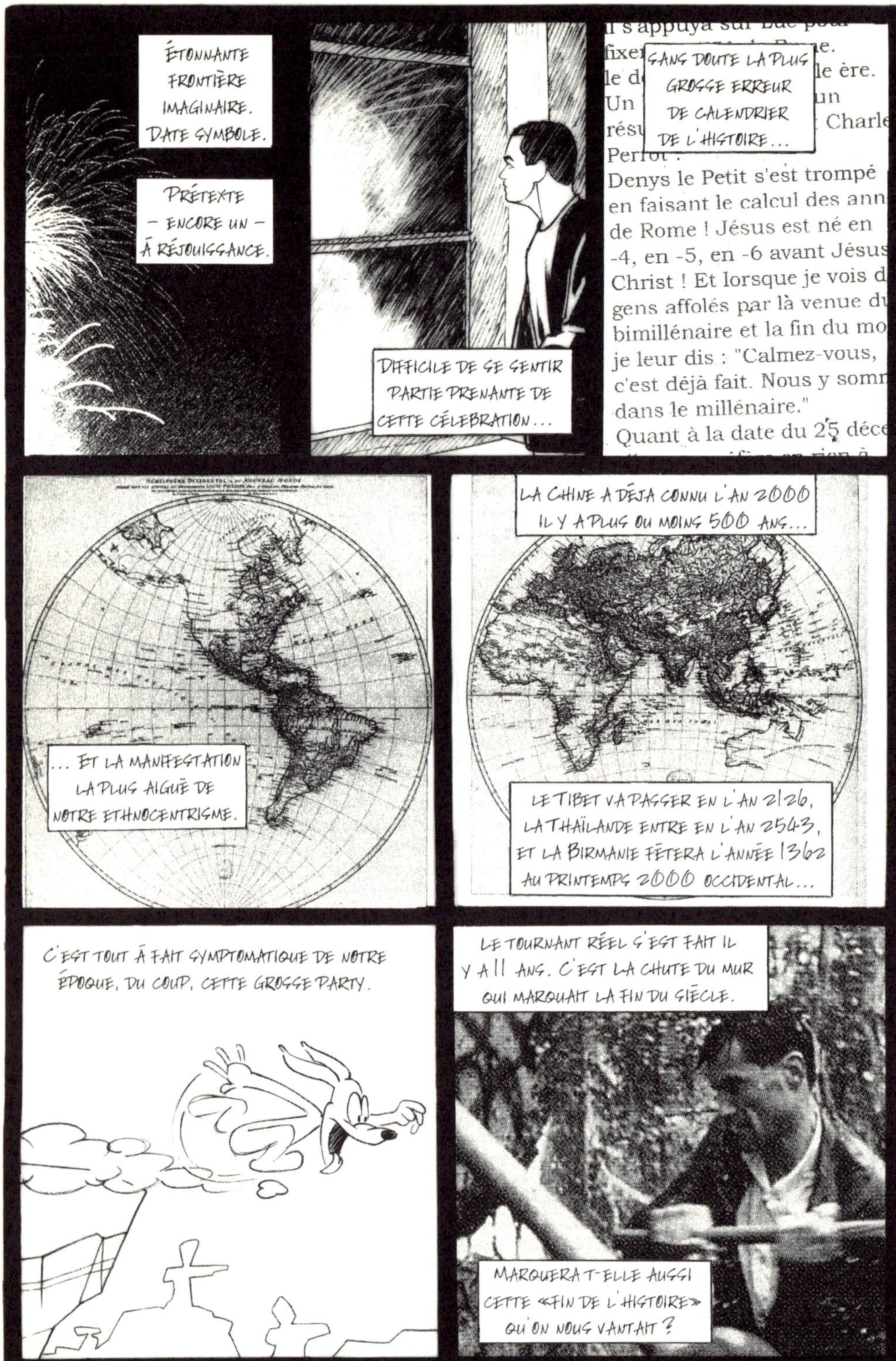
ÉTONNANTE FRONTIÈRE IMAGINAIRE. DATE SYMBOLE.
PRÉTEXTE – ENCORE UN – À RÉJOUISSANCE.
DIFFICILE DE SE SENTIR PARTIE PRENANTE DE CETTE CÉLÉBRATION...
SANS DOUTE LA PLUS GROSSE ERREUR DE CALENDRIER DE L'HISTOIRE...
Denys le Petit s'est trompé
en faisant le calcul des ann
de Rome ! Jésus est né en
-4, en -5, en -6 avant Jésus
Christ ! Et lorsque je vois d
gens affolés par la venue d
bimillénaire et la fin du mo
je leur dis : "Calmez-vous,
c'est déjà fait. Nous y somm
dans le millénaire."
Quant à la date du 25 déce
... ET LA MANIFESTATION LA PLUS AIGUË DE NOTRE ETHNOCENTRISME.
LA CHINE A DÉJA CONNU L'AN 2000 IL Y A PLUS OU MOINS 500 ANS...
LE TIBET VA PASSER EN L'AN 2126, LA THAÏLANDE ENTRE EN L'AN 2543, ET LA BIRMANIE FÊTERA L'ANNÉE 1362 AU PRINTEMPS 2000 OCCIDENTAL...
C'EST TOUT À FAIT SYMPTOMATIQUE DE NOTRE ÉPOQUE, DU COUP, CETTE GROSSE PARTY.
LE TOURNANT RÉEL S'EST FAIT IL Y A 11 ANS. C'EST LA CHUTE DU MUR QUI MARQUAIT LA FIN DU SIÈCLE.
MARQUERA T-ELLE AUSSI CETTE «FIN DE L'HISTOIRE» QU'ON NOUS VANTAIT ?

LE MONDE SEMBLAIT VOUÉ AU TRIOMPHE DU LIBRE-ÉCHANGE...
LES CAMBRIOLEURS CROYAIENT AVOIR EFFACÉ LEURS TRACES. MAIS LES VOICI EXPOSÉS À LA LUMIÈRE.
LA PARTIE N'EST PAS JOUÉE. RIEN N'EST ÉCRIT ENCORE...
DIFFICILE DE NE PAS S'AR-RÊTER UN INSTANT, DU COUP... AVANT DE TOURNER LE DOS...
JETER UN DERNIER COUP D'ŒIL DANS L'OBSCURITÉ...
DERRIÈRE L'OMBRE D'HIROSHIMA...
ET LES SILHOUETTES D'AUSCHWITZ...
QU'EST-CE QU'ON DISTINGUE ?

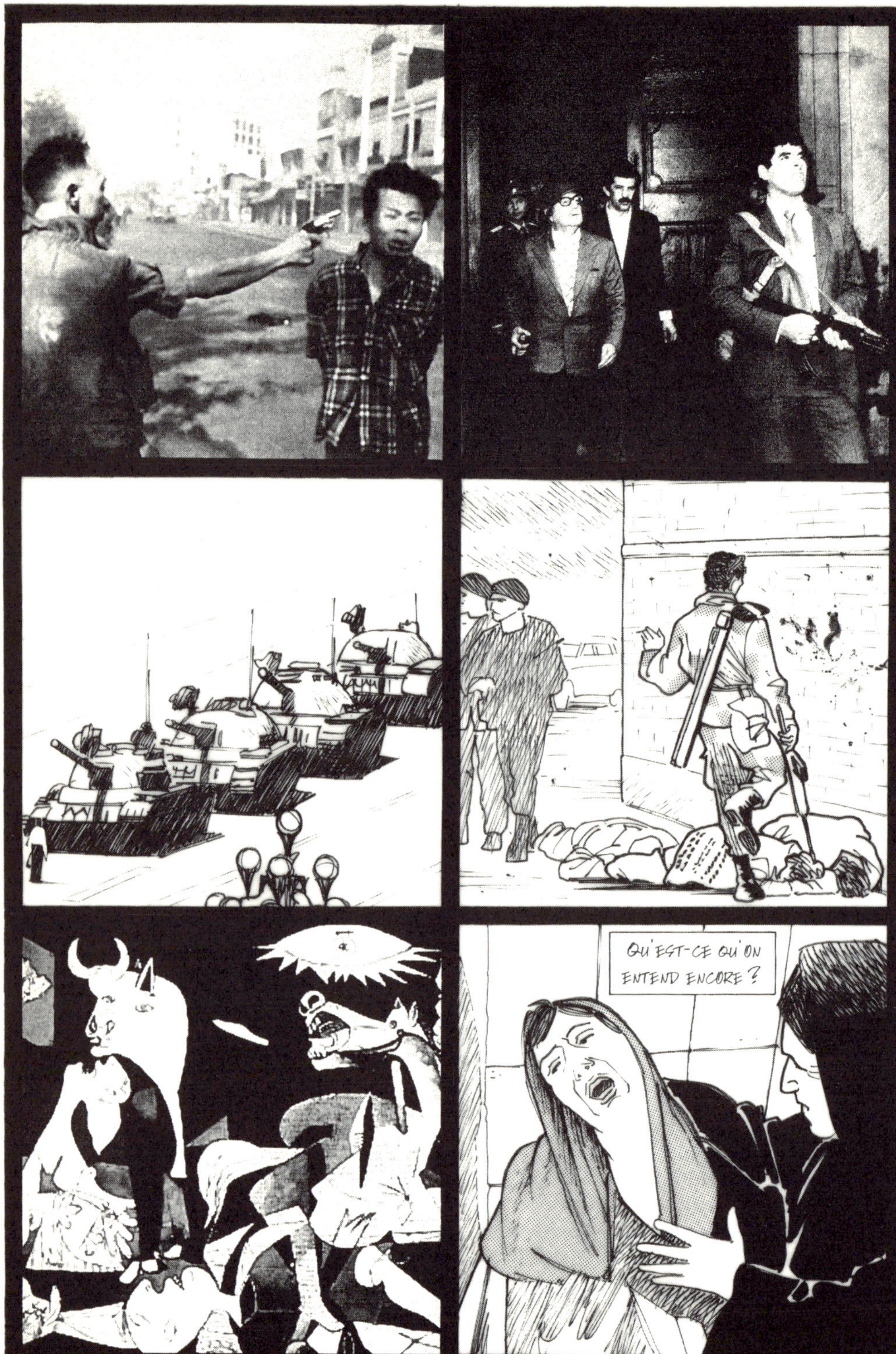
QU'EST-CE QU'ON ENTEND ENCORE ?

LE RUGISSEMENT DES B-52 AU-DESSUS DU CAMBODGE...
LE FRACAS DES BOMBES SUR VUKOVAR...
ET LE SILENCE...
SILENCE DES 90 000 DISPARUS DURANT LES DÉCENNIES DE DICTATURE MILITAIRE EN AMÉRIQUE LATINE.
SILENCE DES MÉDIAS AU RWANDA.
ENTRE 500 000 ET UN MILLION DE MORTS.
200 000 MORTS AU TIMOR-ORIENTAL.
LES 14 MORTS DU TUPAC AMARU.

FINALEMENT TOUT LE 20° SIÈCLE SEMBLE UNE INSULTE À L'IDÉE DE LEÇON DE L'HISTOIRE...
... DE PROGRÈS.
C'EST PEUT-ÊTRE ÇA FINALEMENT LE PRINCIPAL MOTIF DE RÉJOUISSANCE... EN FINIR AVEC CE SIÈCLE. CE GRAND CHARNIER.
OUAIS... PEUT-ÊTRE QUE ÇA SE FÊTE...
UNE ESTIMATION DES « MÉGAMORTS » AVANCE LE CHIFFRE DE 187 MILLIONS POUR NOTRE 20° SIÈCLE.
MACABRE COMPTABILITÉ ?
BIEN QU'ON EN AIT TUÉ PLUS QUE JAMAIS AUPARAVANT DANS L'HISTOIRE, LA TERRE COMPTE AUJOURD'HUI TROIS FOIS PLUS D'ÊTRES HUMAINS QU'AU DÉBUT DU SIÈCLE.
SIX MILLIARDS D'INDIVIDUS...
QU'EST-CE QUI NOUS ATTEND ?
QUEL MONDE, EN COMPARAISON AVEC CELUI DE 1914 ?

UN MONDE, QUI A MIS FIN À PLUSIEURS MILLÉNAIRES D'HISTOIRE HUMAINE OÙ L'ÉCRASANTE MAJORITÉ DES HOMMES VIVAIT DU TRAVAIL DE LA TERRE.
QUI A RÉVOLUTIONNÉ LES TRANSPORTS ET LES COMMUNICATIONS, ANNULANT PRESQUE L'ESPACE ET LE TEMPS.
QUI A VU L'ÉMERGENCE DES FEMMES.
UN MONDE QUI A ENVOYÉ L'HOMME SUR LA LUNE.
QUI A INVENTÉ LE CINÉMA ...
ET QUI COMPTE 50 MILLIONS DE RÉFUGIÉS.

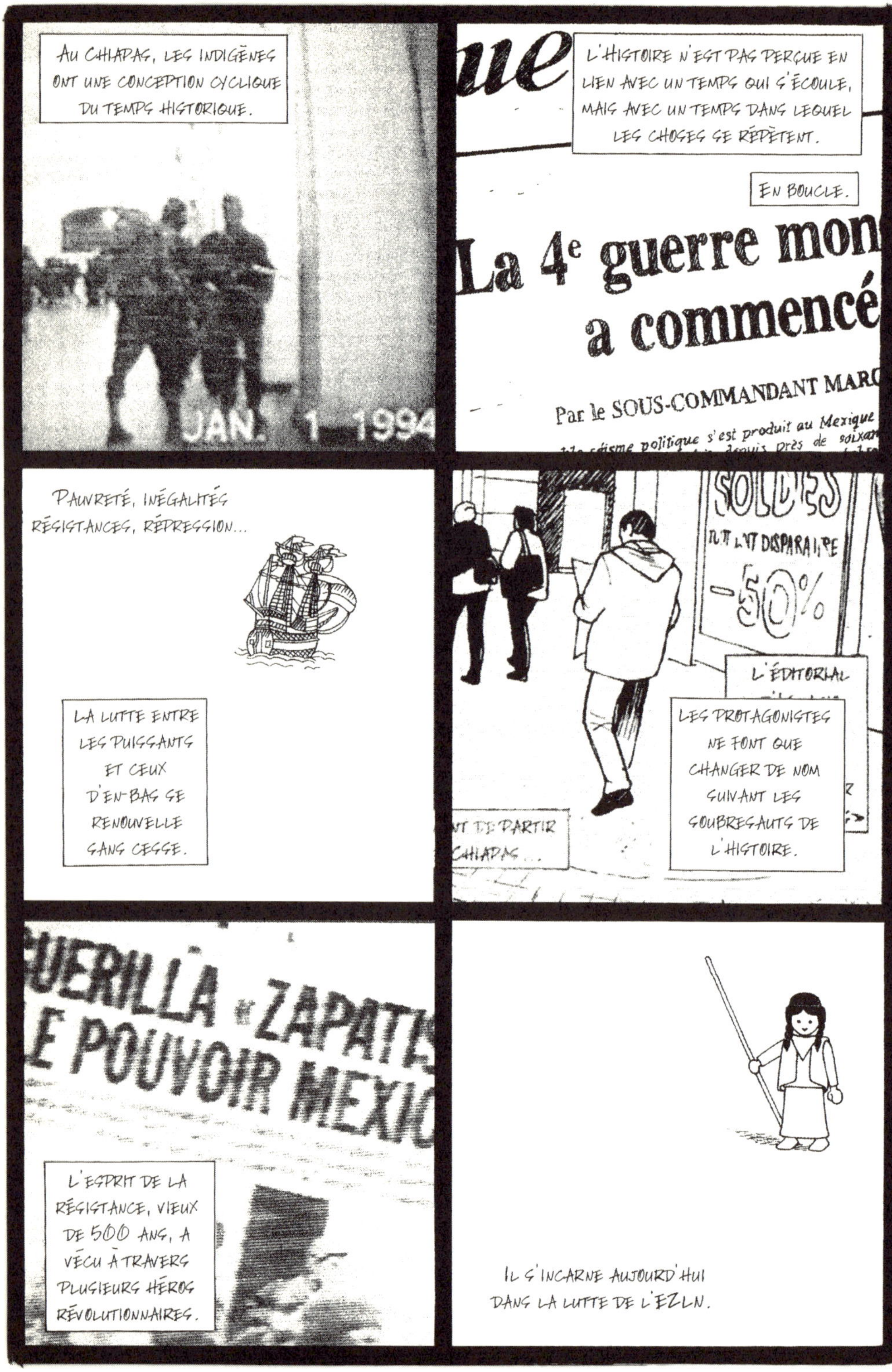
AU CHIAPAS, LES INDIGÈNES ONT UNE CONCEPTION CYCLIQUE DU TEMPS HISTORIQUE.
JAN. 1 1994
L'HISTOIRE N'EST PAS PERÇUE EN LIEN AVEC UN TEMPS QUI S'ÉCOULE, MAIS AVEC UN TEMPS DANS LEQUEL LES CHOSES SE RÉPÈTENT.
EN BOUCLE.
La 4e guerre mon
a commencé
Par le SOUS-COMMANDANT MARC
PAUVRETÉ, INÉGALITÉS RÉSISTANCES, RÉPRESSION...
LA LUTTE ENTRE LES PUISSANTS ET CEUX D'EN-BAS SE RENOUVELLE SANS CESSE.
SOLDES
-50%
L'ÉDITORIAL
LES PROTAGONISTES NE FONT QUE CHANGER DE NOM SUIVANT LES SOUBRESAUTS DE L'HISTOIRE.
UERILLA ZAPATIS
LE POUVOIR MEXIC
L'ESPRIT DE LA RÉSISTANCE, VIEUX DE 500 ANS, A VÉCU À TRAVERS PLUSIEURS HÉROS RÉVOLUTIONNAIRES.
IL S'INCARNE AUJOURD'HUI DANS LA LUTTE DE L'EZLN.

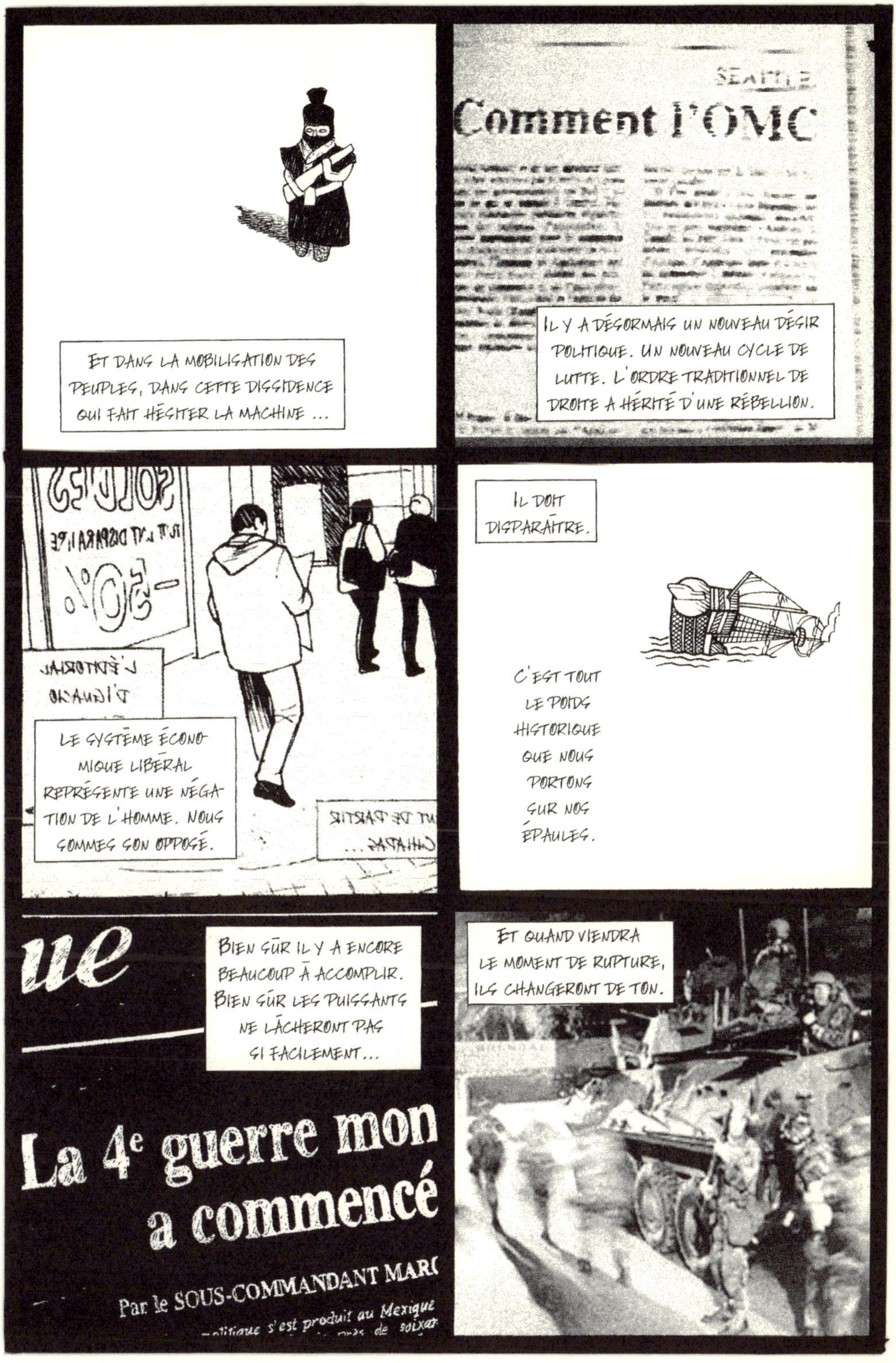
ET DANS LA MOBILISATION DES PEUPLES, DANS CETTE DISSIDENCE QUI FAIT HÉSITER LA MACHINE ...
SEATTLE
Comment l'OMC
IL Y A DÉSORMAIS UN NOUVEAU DÉSIR POLITIQUE. UN NOUVEAU CYCLE DE LUTTE. L'ORDRE TRADITIONNEL DE DROITE A HÉRITÉ D'UNE RÉBELLION.
LE SYSTÈME ÉCONOMIQUE LIBÉRAL REPRÉSENTE UNE NÉGATION DE L'HOMME. NOUS SOMMES SON OPPOSÉ.
IL DOIT DISPARAÎTRE.
C'EST TOUT LE POIDS HISTORIQUE QUE NOUS PORTONS SUR NOS ÉPAULES.
BIEN SÛR IL Y A ENCORE BEAUCOUP À ACCOMPLIR. BIEN SÛR LES PUISSANTS NE LÂCHERONT PAS SI FACILEMENT...
La 4e guerre mon
a commencé
Par le SOUS-COMMANDANT MAR
s'est produit au Mexique
ET QUAND VIENDRA LE MOMENT DE RUPTURE, ILS CHANGERONT DE TON.

DEPUIS UN DEMI-SIÈCLE LES ÉTATS-UNIS ASSUMENT CETTE MISSION DE PLIER LE MONDE AU MODÈLE ÉCONOMIQUE CAPITALISTE.
ET POUR MIEUX NOUS CONVAINCRE D'ACCUEILLIR AVEC BIENVEILLANCE LA MONDIALISATION LIBÉRALE ...
... LES USA ONT « EXPORTÉ LEUR PUISSANCE MILITAIRE » PLUS DE 500 FOIS DEPUIS 1945 !
ILS ONT TENTÉ DE RENVERSER PLUS DE 40 GOUVERNEMENTS ÉTRANGERS...
... ET D'ÉCRASER PLUS DE 30 MOUVEMENTS POPULAIRES.
PAUVRETÉ, INÉGALITÉS RÉSISTANCES, RÉPRESSION...
TOUS CES FAITS SE RÉPÈTENT DE FAÇON SYSTÉMATIQUE... MAIS ENCORE UNE FOIS...
... L'HISTOIRE JUGERA.
NOLA
GAY

MAIS D'ICI LÀ, QUOI ? EST-CE QU'IL FAUT SE RÉSIGNER ?
EST-CE QU'IL N'Y A RIEN, AUCUNE TENTATIVE DE CHANGEMENT, QUI ÉCHAPPE AU GOUFFRE ?
EST-CE QU'IL N'Y A QUE DES VICTOIRES TRONQUÉES ?
QUE DES AVANCÉES POUR MIEUX RECULER...
DES INDÉPENDANCES QUI N'EN SONT PAS...
REFERENDUM
APRES LA PROCLAMATION
DES PROGRÈS QUI N'EN SONT PAS...

J'AI DIT PROGRÈS ?
DES DIRECTIONS ONT ÉTÉ PRISES...
DES CHOIX ONT ÉTÉ FAITS...
... QUI TOUS COMPORTENT LEUR PART D'OMBRE.
LA TRAHISON FONDAMENTALE DU 20° SIÈCLE C'EST CETTE ALLIANCE DU CAPITAL ET DE LA SCIENCE, QUI EST VENUE DISCRÉDITER LA NOTION MÊME DE PROGRÈS.
KANAL
NOVARTIS
VOYEZ LA MÉDECINE...
DANS LES PAYS DU SUD LE PALUDISME TUE DAVANTAGE QU'IL Y A 30 ANS !
IL PROVOQUE AUTANT DE MORTS EN UN AN QUE LE SIDA EN QUINZE !
MAIS LES DÉPENSES GLOBALES CONSACRÉES AU PALUDISME NE REPRÉSENTENT QUE 65 DOLLARS PAR VICTIME, CONTRE 3274 DOLLARS DANS LE CAS DU SIDA !

LES GÉANTS DE L'INDUSTRIE PHARMACEUTIQUE NE S'ATTARDENT PAS À CHERCHER DES REMÈDES CONTRE DES MALADIES DONT LES VICTIMES NE SONT PAS SOLVABLES.
POUR QU'UN MÉDICAMENT SOIT COMMERCIALISÉ IL FAUT AUSSI QU'IL RAPPORTE DE L'ARGENT ...
RÉSULTAT ?
LES 4 CINQUIÈMES DES DÉPENSES MONDIALES DE SANTÉ SERVENT À UN CINQUIÈME DE LA POPULATION.
LES TRITHÉRAPIES, QUI ONT PERMIS DE RÉDUIRE DE 60% LE TAUX DE MORTALITÉ DES MALADES DU SIDA DANS LES PAYS DU NORD, RESTENT INACCESSIBLES AUX PAYS DU SUD !
ET LE SYSTÈME ACTUEL SOUTIENT LES GRANDS LABOS PHARMACEUTIQUES QUI INTERDISENT AUX PAYS PAUVRES DE PRODUIRE À BAS PRIX DES PRODUITS GÉNÉRIQUES.

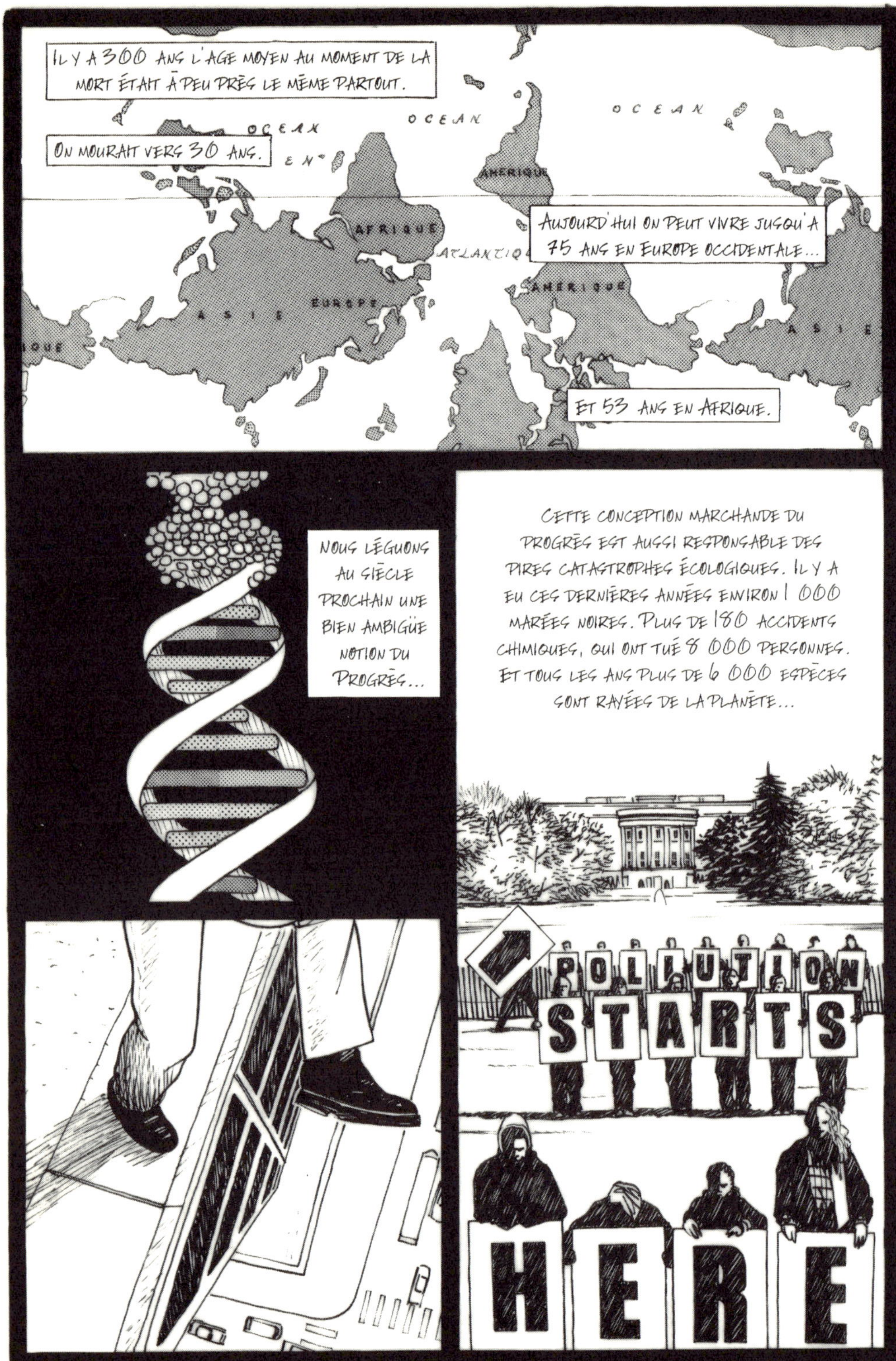
IL Y A 300 ANS L'AGE MOYEN AU MOMENT DE LA MORT ÉTAIT À PEU PRÈS LE MÊME PARTOUT.
ON MOURAIT VERS 30 ANS.
OCEAN
OCEAN
OCEAN
AMÉRIQUE
AFRIQUE
AUJOURD'HUI ON PEUT VIVRE JUSQU'À 75 ANS EN EUROPE OCCIDENTALE...
AMÉRIQUE
ASIE
EUROPE
ASIE
ET 53 ANS EN AFRIQUE.
NOUS LÉGUONS AU SIÈCLE PROCHAIN UNE BIEN AMBIGÜE NOTION DU PROGRÈS...
CETTE CONCEPTION MARCHANDE DU PROGRÈS EST AUSSI RESPONSABLE DES PIRES CATASTROPHES ÉCOLOGIQUES. IL Y A EU CES DERNIÈRES ANNÉES ENVIRON 1 000 MARÉES NOIRES. PLUS DE 180 ACCIDENTS CHIMIQUES, QUI ONT TUÉ 8 000 PERSONNES. ET TOUS LES ANS PLUS DE 6 000 ESPÈCES SONT RAYÉES DE LA PLANÈTE...
POLLUTION
STARTS
HERE

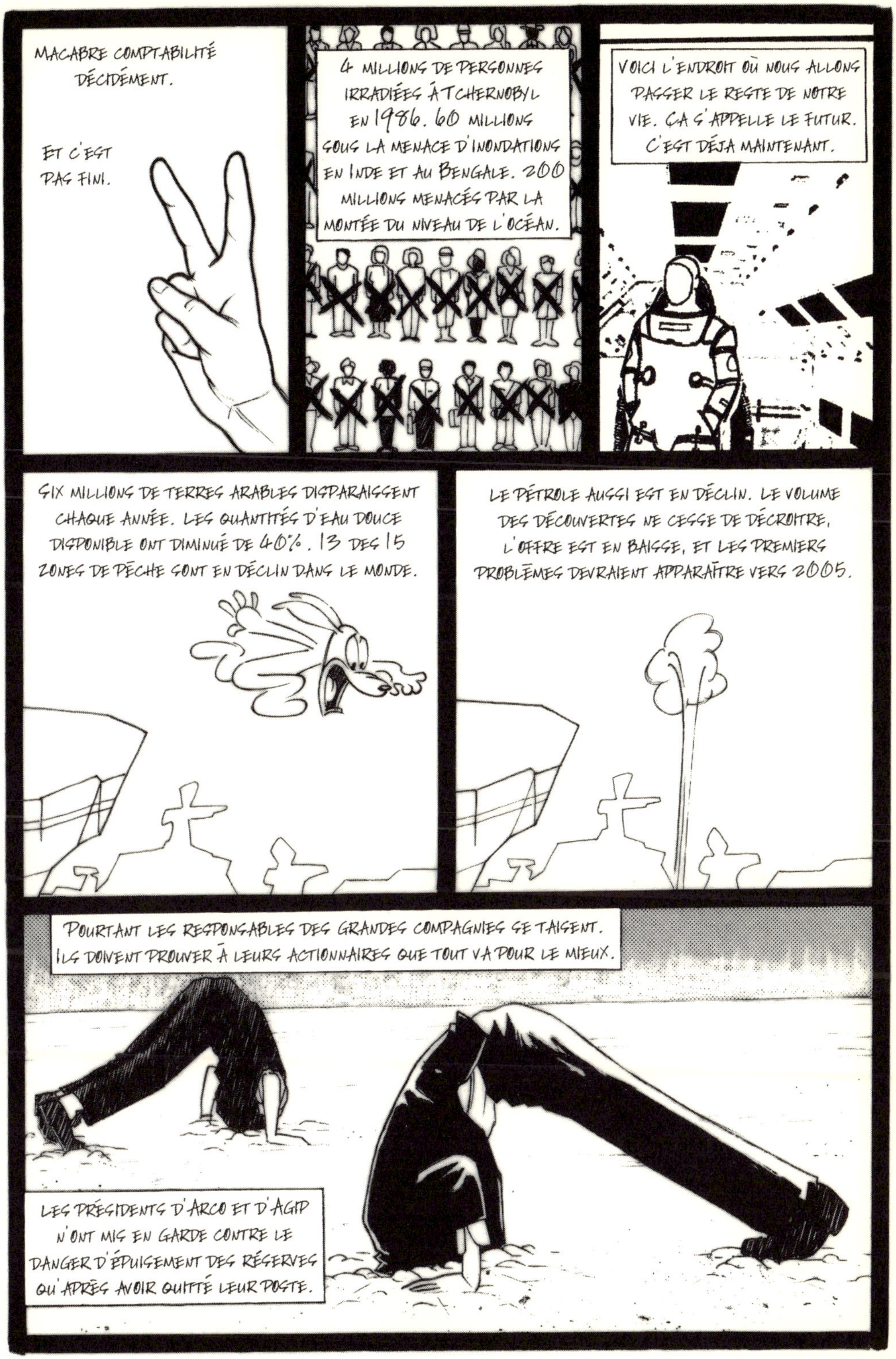
MACABRE COMPTABILITÉ DÉCIDÉMENT.
ET C'EST PAS FINI.
4 MILLIONS DE PERSONNES IRRADIÉES À TCHERNOBYL EN 1986. 60 MILLIONS SOUS LA MENACE D'INONDATIONS EN INDE ET AU BENGALE. 200 MILLIONS MENACÉS PAR LA MONTÉE DU NIVEAU DE L'OCÉAN.
VOICI L'ENDROIT OÙ NOUS ALLONS PASSER LE RESTE DE NOTRE VIE. ÇA S'APPELLE LE FUTUR. C'EST DÉJA MAINTENANT.
SIX MILLIONS DE TERRES ARABLES DISPARAISSENT CHAQUE ANNÉE. LES QUANTITÉS D'EAU DOUCE DISPONIBLE ONT DIMINUÉ DE 40%. 13 DES 15 ZONES DE PÊCHE SONT EN DÉCLIN DANS LE MONDE.
LE PÉTROLE AUSSI EST EN DÉCLIN. LE VOLUME DES DÉCOUVERTES NE CESSE DE DÉCROÎTRE, L'OFFRE EST EN BAISSE, ET LES PREMIERS PROBLÈMES DEVRAIENT APPARAÎTRE VERS 2005.
POURTANT LES RESPONSABLES DES GRANDES COMPAGNIES SE TAISENT. ILS DOIVENT PROUVER À LEURS ACTIONNAIRES QUE TOUT VA POUR LE MIEUX.
LES PRÉSIDENTS D'ARCO ET D'AGIP N'ONT MIS EN GARDE CONTRE LE DANGER D'ÉPUISEMENT DES RÉSERVES QU'APRÈS AVOIR QUITTÉ LEUR POSTE.

MAIS LES ÉTATS-UNIS ONT DES RESSOURCES ABONDANTES QUI LEUR PERMETTRONT, LE MOMENT VENU, DE SATISFAIRE LEURS PROPRES BESOINS.
ET PUIS LA GUERRE DU GOLFE LEUR A APPRIS QU'IL Y A D'AUTRES MOYENS QUE DE FAIRE DES SACRIFICES EN CAS DE CRISE.
PARIS MATCH
1910-192
L'ADIEU AU XXe SIECLE
J'AI DIT SIX MILLIARDS D'ÊTRES HUMAINS...
COMBIEN NOTRE PLANÈTE PEUT-ELLE NOURRIR DE PERSONNES ?
18 MILLIARDS SUR LE MODE DE CONSOMMATION DU BANGLADESH.
10F00 PROMO
23F00 PROMO
MOINS DE 700 MILLIONS SUR CELUI D'UN CITOYEN OCCIDENTAL.
LES 20 % DE LA POPULATION TOTALE QUI HABITENT LES PAYS INDUSTRIALISÉS CONSOMMENT 50 % DE L'ÉNERGIE PRIMAIRE.
SI LES PAYS PAUVRES PRODUISAIENT ET CONSOMMAIENT AUTANT QUE LES PAYS RICHES, ÇA ENTRAÎNERAIT LA DESTRUCTION QUASI-IMMÉDIATE DE L'ESPÈCE HUMAINE.
Avec Carrefour je positive !

DU COUP, L'IDÉE D'ALIGNER L'ENSEMBLE DE LA PLANÈTE SUR LE MODE DE CONSOMMATION DES NANTIS EST ABSURDE.
TOUTES LES RESSOURCES DE LA PLANÈTE N'Y SUFFIRAIENT PAS.
IL FAUDRAIT EN FINIR AVEC LE MODÈLE DE DÉVELOPPEMENT ACTUEL.
INDICE CAC 40
'ANE 2570,40 A 12h49
MIER -9,05 %
NCE -7,15 %
IDATION -9,75 %
UIS LE 31-12 +11,00 %
LES MARCHÉS SONT INCAPABLES D'ANTICIPER L'AVENIR DES HOMMES ET DE L'ENVIRONNEMENT.
COURT-TERME ET PROFIT-IMMÉDIAT SONT DANS UN BATEAU...
ERIKA
LE BATEAU COULE.

SACRÉ BILAN.
AU NORD, NOUS SOMMES GÂTÉS COMME PERSONNE. QUI VOUDRAIT REVENIR EN ARRIÈRE ?
BAISSE DU NIVEAU DE VIE, ÉCONOMIES D'ÉNERGIE, PARTAGE DES RICHESSES, ÉCOTAXES... QUI VOUDRAIT D'UN TEL PROGRAMME ?
(JE DEVRAIS ME PRÉSENTER À UNE ÉLECTION...)
MAIS SONT-ILS MEILLEURS AU SUD ? QU'EST-CE QUE LE TIERS-MONDE SINON UN BIDONVILLE QUI RÊVE DE COCA COLA ?

QU'EST-CE QUI POURRAIT CONVAINCRE LES GENS ?
RENVERSER LA TENDANCE ?
LA MALBOUFFE ? OGM, VACHE FOLLE, POULET AUX HORMONES... VOILÀ DES PROBLÈMES QUI RÉVEILLENT L'OPINION.
LES GENS SE RENDENT COMPTE TOUT D'UN COUP QUE CETTE MONDIALISATION PEUT LES OBLIGER...
... À INGURGITER DES CHOSES ÉTONNANTES : DU POULET DANS LES POMMES DE TERRE PAR EXEMPLE...
DU CHOLÉRA DANS LA LUZERNE, DU SCORPION DANS LE COTON, DU HAMSTER DANS LE TABAC...

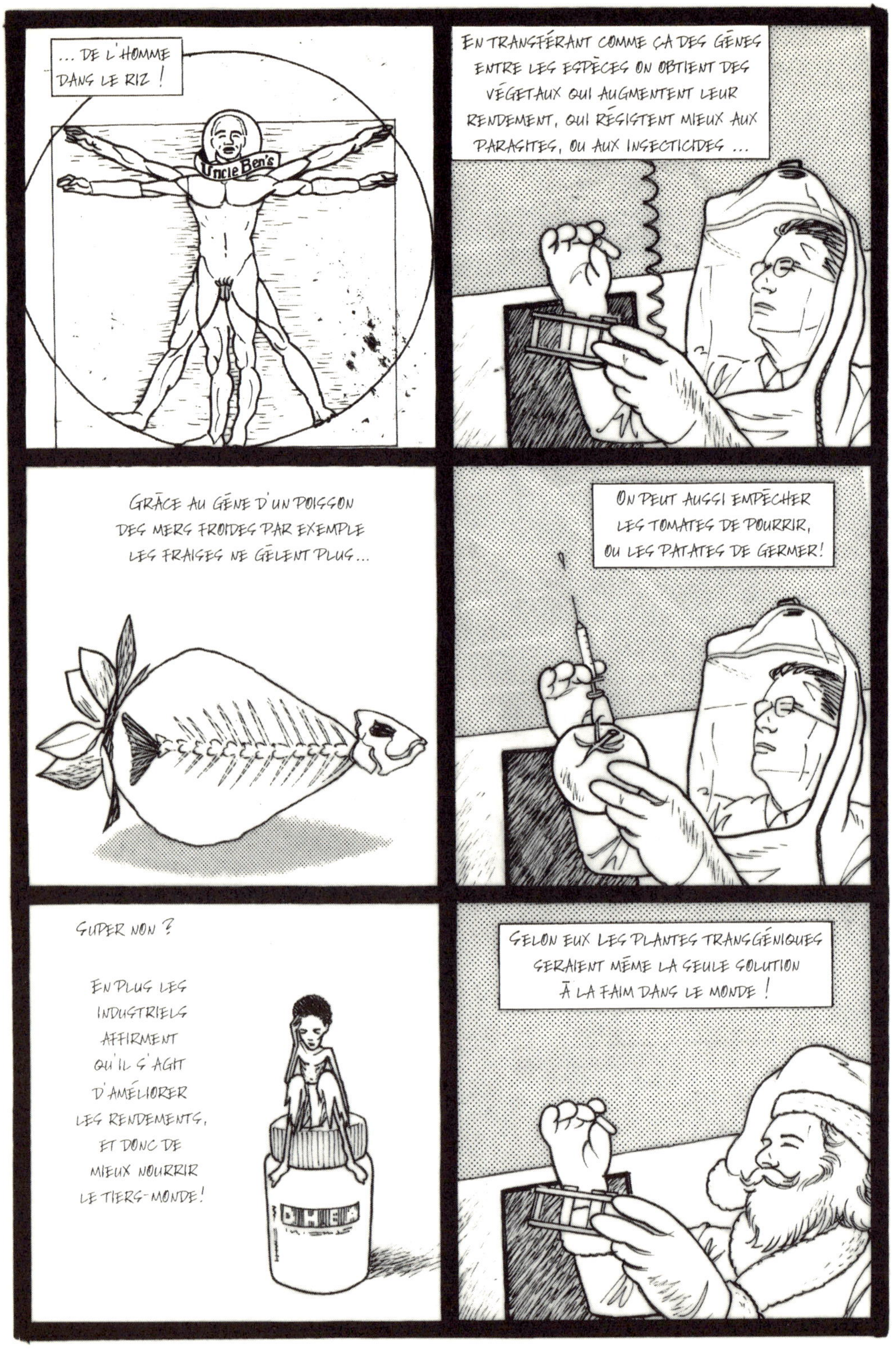
... DE L'HOMME DANS LE RIZ !
Uncle Ben's
EN TRANSFÉRANT COMME ÇA DES GÈNES ENTRE LES ESPÈCES ON OBTIENT DES VÉGÉTAUX QUI AUGMENTENT LEUR RENDEMENT, QUI RÉSISTENT MIEUX AUX PARASITES, OU AUX INSECTICIDES ...
GRÂCE AU GÈNE D'UN POISSON DES MERS FROIDES PAR EXEMPLE LES FRAISES NE GÈLENT PLUS...
ON PEUT AUSSI EMPÊCHER LES TOMATES DE POURRIR, OU LES PATATES DE GERMER!
SUPER NON ?
EN PLUS LES INDUSTRIELS AFFIRMENT QU'IL S'AGIT D'AMÉLIORER LES RENDEMENTS, ET DONC DE MIEUX NOURRIR LE TIERS-MONDE !
DHEA
SELON EUX LES PLANTES TRANSGÉNIQUES SERAIENT MÊME LA SEULE SOLUTION À LA FAIM DANS LE MONDE !

EN RÉALITÉ LA MANIPULATION DES GÈNES LEUR PERMET SURTOUT DE DEVENIR PROPRIÉTAIRES, PAR BREVET INDUSTRIEL, DES PLANTES MODIFIÉES.
GRÂCE AUX OGM, NOVARTIS, MONSANTO, RHÔNE-POULENC... CADENASSENT LES GÈNES-CLÉS ET S'APPROPRIENT LES VARIÉTÉS PERFORMANTES.
B. REBELLE – GREENPEACE
LA GÉNÉTIQUE C'EST L'ASTUCE IDÉALE POUR TOUCHER DES ROYALTIES SUR LE VIVANT !
B. MOSÈRE – CONFÉDÉRATION PAYSANNE
TOUTE L'HISTOIRE DE LA GÉNÉTIQUE AGRICOLE CONSISTE À DÉPOSSÉDER L'HUMANITÉ DES FACULTÉS DE REPRODUCTION ET DE MULTIPLICATION DU VIVANT, POUR LA CONFÉRER AUX INVESTISSEURS.
J.P. BERLAN – CHERCHEUR À L'INRA
CULTURES OGM
SOYONS CLAIRS : LES PLANTES TRANSGÉNIQUES NE SONT PAS UN CADEAU FAIT À L'HUMANITÉ !
ELLES SONT À VENDRE... C'EST LÀ TOUT LE PROBLÈME.
L'OBJECTIF EST DE LIGOTER LES AGRICULTEURS. DE LES OBLIGER À ACHETER TELLE SEMENCE ET TEL TRAITEMENT.

ET ALORS, ME DIREZ-VOUS ?
EST-CE QU'IL VAUT MIEUX CREVER DE FAIM, OU ACCEPTER DE PAYER LES DROITS D'AUTEURS DE L'INDUSTRIE ALIMENTAIRE ?
L'ARNAQUE EST DANS LA QUESTION ELLE-MÊME.
NOUS AVONS BIEN DU CULOT DE MONNAYER DES SOLUTIONS MIRACLES CONTRE LA FAIM DANS LE MONDE QUAND CE SONT NOS POLITIQUES DE DÉVELOPPEMENT QUI ONT CRÉÉ CETTE SITUATION !
QUAND 2,5% DES PROPRIÉTAIRES TERRIENS DE PLUS DE 100 HECTARES CONTRÔLENT LES 3/4 DES TERRES CULTIVABLES DANS LE MONDE !
POURQUOI Y A-T-IL TANT DE GENS QUI MEURENT DE FAIM DANS LE MONDE?
PARCE QUE LA NOURRITURE EST CONTROLÉE PAR LES RICHES ! TOUT SIMPLEMENT...
PARTOUT DANS LE MONDE LES RICHES MANGENT SANS PROBLÈME ! ET SEULS LES PAUVRES MEURENT DE FAIM !

LES AMÉRICAINS, QUI REPRÉSENTENT 6 % DE LA POPULATION MONDIALE, CONSOMMENT 35 % DE SES RESSOURCES ALIMENTAIRES !
L'ORGANISATION SOCIALE DU MONDE JOUE ICI UN RÔLE PLUS IMPORTANT QUE LE CLIMAT ET LA SÉCHERESSE.
LA FAIM S'EXPLIQUE SURTOUT PAR LE MANQUE DE JUSTICE. ELLE N'EST PAS UNE FATALITÉ, UN PHÉNOMÈNE INÉVITABLE... MAIS UN SCANDALE.
ON LE SAIT, LE MONDE DISPOSE DES RESSOURCES NÉCESSAIRES POUR NOURRIR TOUTE LA POPULATION DE LA PLANÈTE.
SANS RECOURS AUX OGM.
POURTANT 36 MILLIONS D'HUMAINS SONT MORTS DE FAIM EN L'AN 2000.
2000

OUI MAIS VOILÀ... LA PRODUCTION, LE TRANSPORT, ET LA DISTRIBUTION DES ALIMENTS DANS LE MONDE RELÈVENT EXCLUSIVEMENT DU MARCHÉ.
SIX SOCIÉTÉS TRANSCONTINENTALES DE L'AGROALIMENTAIRE DOMINENT LA BOURSE DE CHICAGO, QUI FIXE LE PRIX DES PRINCIPAUX ALIMENTS.
ET ICI ENCORE, C'EST COMME POUR LES MÉDICAMENTS : LE COMPLEXE AGRO-ALIMENTAIRE PRODUIT POUR VENDRE À DES MARCHÉS SOLVABLES.

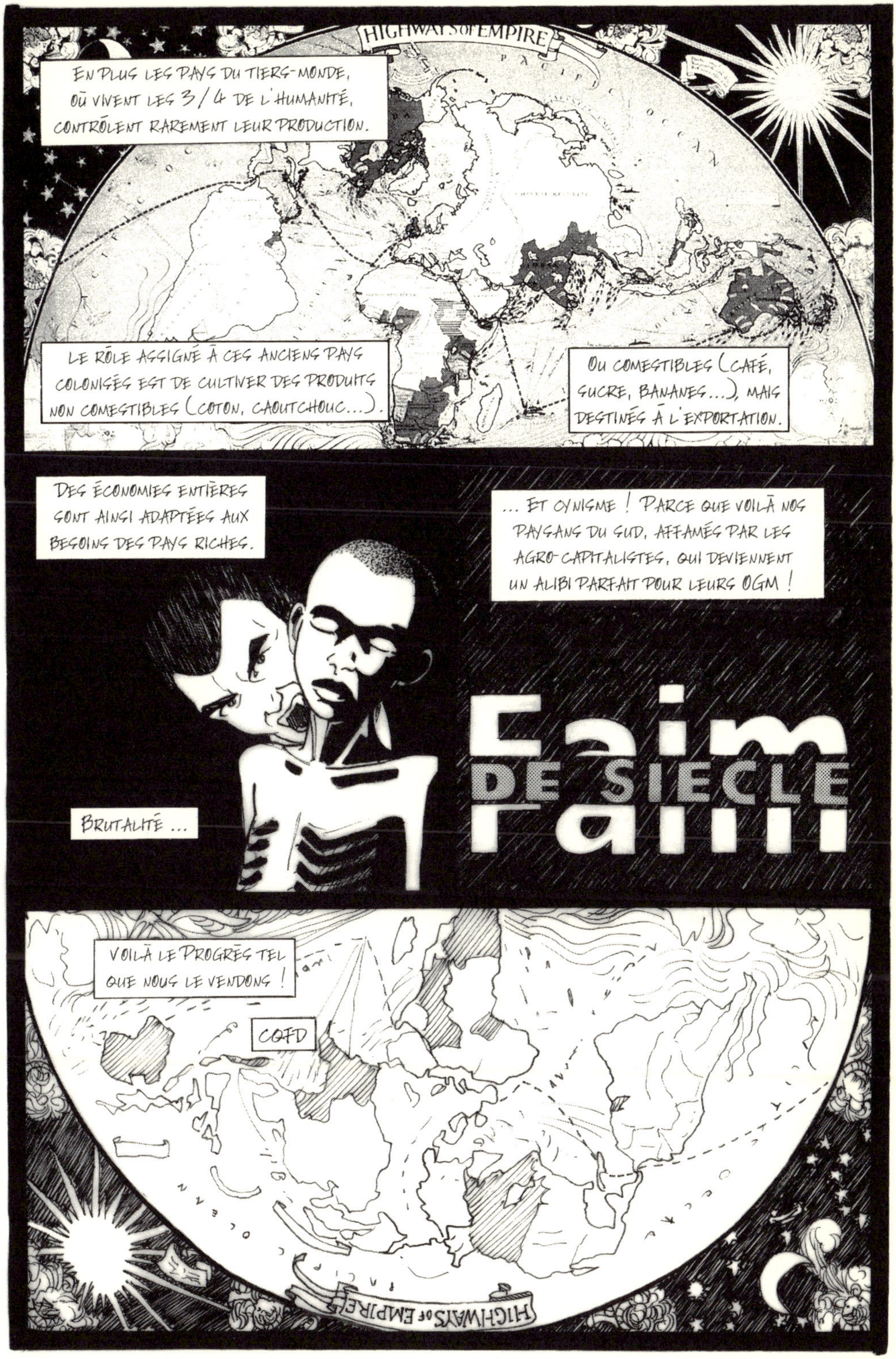
HIGHWAYS of EMPIRE
EN PLUS LES PAYS DU TIERS-MONDE, OÙ VIVENT LES 3/4 DE L'HUMANITÉ, CONTRÔLENT RAREMENT LEUR PRODUCTION.
LE RÔLE ASSIGNÉ À CES ANCIENS PAYS COLONISÉS EST DE CULTIVER DES PRODUITS NON COMESTIBLES (COTON, CAOUTCHOUC...).
OU COMESTIBLES (CAFÉ, SUCRE, BANANES...), MAIS DESTINÉS À L'EXPORTATION.
DES ÉCONOMIES ENTIÈRES SONT AINSI ADAPTÉES AUX BESOINS DES PAYS RICHES.
... ET CYNISME ! PARCE QUE VOILÀ NOS PAYSANS DU SUD, AFFAMÉS PAR LES AGRO-CAPITALISTES, QUI DEVIENNENT UN ALIBI PARFAIT POUR LEURS OGM !
Faim DE SIECLE
BRUTALITÉ ...
VOILÀ LE PROGRÈS TEL QUE NOUS LE VENDONS !
CQFD
HIGHWAYS of EMPIRE

ET QU'IMPORTENT LES RISQUES DE DISSÉMINATIONS INCONTROLÉES DES GÈNES MODIFIÉS DANS LA NATURE...
DE TOUTE FAÇON LES GRANDES FIRMES PARIENT SUR LA POLITIQUE DU FAIT ACCOMPLI.
LES OGM SERONT INCONTOURNABLES UNE FOIS DISPERSÉS DANS LA NATURE.
VOUS AVEZ AIMÉ LA VACHE FOLLE ?
VOUS ALLEZ ADORER LA JUNGLE DU 3° TYPE !
MALGRÉ TOUT, C'EST VRAI, ON SENT UNE INQUIÉTUDE.
EXCLUSIVE
WORLD ENDS IN YEAR 2000
Faut-il avoir peur des OGM ?
VACHE FOLLE, BOEUF AUX HORMONES, OGM !
ÇA FINIT PAR FAIRE BEAUCOUP...

EEZE YOU
FACE...
IN TERRIFYING TECHNICOLOR!
DU COUP LES GENS COMMENCENT À AVOIR PEUR DE CE QU'ILS MANGENT.
MAIS EST-CE QU'IL S'AGIT VRAIMENT DE CONVICTIONS ?
SI ON VEUT GARDER LE POUVOIR SUR SON ASSIETTE, IL FAUT SURVEILLER LES MULTINATIONALES, CONTRÔLER LA MONDIALISATION DES ÉCHANGES.
QUI EST PRÊT À TIRER CETTE CONCLUSION ?
AU-DELÀ DU REFUS DE CETTE BOUFFE-FRANKESTEIN, EST-CE QUE NOTRE MODÈLE DE DÉVELOPPEMENT EST REMIS EN QUESTION ?
J'AI L'IMPRESSION QUE LA PRISE DE CONSCIENCE RESTE LIMITÉE.
COMMENT ACCORDER LES CERTITUDES DU MILITANT AVEC SES CONVICTIONS DÉMOCRATIQUES ?
COL
GOU
L'ORGANIS
ÇA POSE LA QUESTION DE LA LÉGITIMITÉ DE L'ENGAGEMENT. DE LA REPRÉSENTATIVITÉ DE NOS IDÉES...

TOUS LES INDIENS NE SONT PAS ZAPATISTES AU CHIAPAS. EST-CE QUE ÇA FAIT DE L'EZLN UN MOUVEMENT ILLÉGITIME ?
MAIS TOUS LES FRANÇAIS N'ÉTAIENT PAS RÉSISTANTS EN 1940. ÇA NE DISCRÉDITE PAS LA RÉSISTANCE POUR AUTANT.
ALORS QUOI ?
FINALEMENT LA PRINCIPALE QUESTION EST TOUJOURS DE SAVOIR QUI AURA RAISON...
...DEVANT L'HISTOIRE.

MANUEL VAZQUEZ MONTALBAN
Marcos
El señor
J'AI LU PAS MAL DE BOUQUINS SUR L'EZLN.
Jorge Javier Elorriaga
J'AI DES REVUES, DES VIDÉOS . . .
Société civile et zapatisme
JE SUIS ALLÉ AU CHIAPAS.
EST-CE QUE J'EN AURAI HONTE UN JOUR ?
SI LE SOUS-COMMANDANT MARCOS DEVENAIT UN DICTATEUR SANGUINAIRE...
... RESPONSABLE DE LA MORT DE MILLIERS DE PERSONNES...
JE N'Y CROIS PAS BIEN SÛR. MAIS LES GENS QUI AVAIENT UN POSTER DE MAO DANS LEUR CHAMBRE N'IMAGINAIENT PAS CE QUE DEVIENDRAIT LA RÉVOLUTION CULTURELLE..
JE PENSE À CETTE CROYANCE QUI A TRAVERSÉ LE SIÈCLE...

Aux espoirs de justice, à l'engagement, la ferveur de toute une génération...
BAC RESERVE AU TRI
Et au gigantesque dévoiement de cet idéal à travers le prisme russe.
Le monstrueux bilan du « socialisme réel »... l'inévitabilité supposée du totalitarisme...
Tous ces gens qui ont cru en Lénine, puis en Staline. Ils ont pensé que cet espoir s'incarnait en Mao, ils ont soutenu Castro...

LE PILONNAGE DE LA FOI A DURÉ SI LONGTEMPS... DEPUIS LES ANNÉES 20...
AVEUGLEMENT PATHÉTIQUE. FIDÉLITÉS DÉSESPÉRÉES.
RENIEMENTS.
QUELS DÉGATS. QUELLES DÉSILLUSIONS POUR TOUTE UNE GÉNÉRATION ... COMMENT GÉRER ÇA AVEC HONNÊTETÉ ?
JE SUIS LE MEMBRE N° 229 D'ATTAC.
attac
Carte d'adhérent
SUR TRENTE MILLE ADHÉRENTS.
C'EST QUELQUE CHOSE DONT JE SUIS BÊTEMENT FIER.
LE PETIT DÉTAIL SUPERFLU.
EST-CE QUE J'EN AURAI HONTE UN JOUR ?
Le rêv
zapati
SEUIL
JE PENSE AUX GENS QUI ONT DÉCHIRÉ LEUR CARTE DU PC...
HAPPY ANGER
EN 1996 J'AI FAIT QUELQUES PLANCHES POUR ACCOMPAGNER LE PREMIER ALBUM D'HAPPY ANGER.

ALORS? ILS ONT FINI PAR VOUS AVOIR AUSSI?
M'AVOIR COLONEL? MAIS MARCOS ★ N'EST RIEN. ON NE PEUT PAS L'AVOIR...
MÊME SI MARCOS ÉTAIT TUÉ, LA LUTTE CONTINUERAIT. LE YA BASTA RÉSONNERA LONGTEMPS DANS LE SUD-EST MEXICAIN!
VOUS SAVEZ, LÀ-BAS LES HOMMES, LES FEMMES ET LES ENFANTS, LES POULETS ET MÊME LES PIERRES SONT ZAPATISTES!
ALORS ILS PEUVENT BIEN ME TUER, ÇA NE CHANGERA RIEN! CELA DIT POUR RÉPONDRE À VOTRE QUESTION, NON, ILS NE M'ONT PAS ENCORE EU. ILS MANQUENT TOUJOURS DE CHANCE, ET DE SOLDATS.
ET BIEN VOILÀ QUI EST BON SIGNE! VENEZ! REJOIGNONS LES AUTRES!

LES AUTRES ?
ILS SONT TOUS LÀ. GÉRONIMO, DURUTTI, LUTHER KING, GANDHI... LES MINEURS DES ASTURIES, ET LES RÉVOLTÉS DE LA COMMUNE, TOUTES LES TRIBUS INDIENNES, LES TOUAREGS, LES KHAMPAS...
... TOUS CEUX QUI SE SONT BATTUS CONTRE L'OPPRESSION, POUR LA LIBERTÉ! BIEN SOUVENT VAINCUS, C'EST VRAI... MAIS POUR NOUS LA PIRE DES MORTS, CELLE DE L'OUBLI, EST ÉVITÉE : NOUS AVONS MAINTENANT UN NOM COLLECTIF!
TU ES LE PREMIER À PARVENIR ICI DE TON VIVANT ! DANS L'HISTOIRE ! LE DRAPEAU DE L'EZLN ABRITE DÉSORMAIS UN PASSÉ POUR SES MORTS, ET UN AVENIR POUR LES VIVANTS ! DÉJÀ VOUS AVEZ VAINCU!
C'EST LA CABANE DE THOREAU... SANS DOUTE LE PLUS LIBRE DES HOMMES...
LE CHE EST LÀ AUSSI ?
IL EST LÀ. ZAPATA ET VILLA AUSSI. ILS T'ATTENDENT.
ENTRONS MARCOS, ICI LES HOMMES ET LES FEMMES DE MAÏS DANSENT. UNE LUMIÈRE ÉCLAIRE CES OMBRES DE TOUJOURS. ICI LEUR CŒUR EST ALLÈGRE. NOUS SOMMES NOMMÉS! NOUS NE MOURRONS PLUS !

Chapitre 4

FAITES CONFIANCE À CERTAINS... CRAIGNEZ LES AUTRES.
X-MEN
J'ADORE LE CINÉMA AMÉRICAIN.
NON, C'EST VRAI.
X-MEN
8 CINEMAS
À COUPS DE MILLIARDS DE DOLLARS, HOLLYWOOD SUBMERGE LA PLANÈTE DE FILMS DE DIVERTISSEMENT.
INCASSABLE
Erin Brokovich
X MEN
8 CINEMAS
MAIS QUI SONT SOUVENT EXCELLENTS, ET VÉHICULENT UNE IDÉOLOGIE FASCINANTE.
VOILÀ UN CINÉMA QUI MET EN AVANT DES HÉROS COURAGEUX, PRENANT LA DÉFENSE DE LA DÉMOCRATIE, LUTTANT POUR LA LIBERTÉ ET LA JUSTICE, VOLANT AU SECOURS DES OPPRIMÉS...
LES HÉROS DES FILMS AMÉRICAINS INCARNENT GÉNÉRALEMENT DES VALEURS IRRÉPROCHABLES.

RAPPELEZ-VOUS CES VIEUX WESTERNS. CES COW-BOYS COURAGEUX, VENGEURS SOLITAIRES OU BRIGANDS BIEN-AIMÉS, AU PASSÉ INCERTAIN, QUI LUTTENT POUR LA JUSTICE DANS UN MONDE SAUVAGE.
COMMENT NE FASCINERAIENT-ILS PAS ?
QUI A RÉSISTÉ AU PLAISIR D'Y CROIRE ?
ON A GRANDI AVEC ÇA.
UN CINÉMA QUI A L'ART DE CRÉER DES HÉROS À LA FOIS AMBIGÜS ET SIMPLISTES ...

SURGI DE NULLE PART, LE COW-BOY DÉFEND LA VEUVE ET L'ORPHELIN.
DE NOUVEAUX CHEVALIERS AU GRAND COEUR...
LES POLICIERS LUTTENT CONTRE LE CRIME...
ELLIOTT GOULD
GENE HACKMAN
ANTHONY HOPKINS
LAURENCE OLIVIER
RYAN O'NEAL
ROBERT REDFORD
SEAN CONNERY
EDWARD FOX
HARDY KRUGER
A BRIDGE TOO FAR
LES SOLDATS SE SACRIFIENT POUR LA LIBERTÉ...
LES SUPERHÉROS PROTÈGENT LA PLANÈTE.
LES HÉROS DES FILMS AMÉRICAINS LUTTENT CONTRE DES TYRANS MALÉFIQUES. RÉSISTENT AUX PIRES OPPRESSEURS.
FACE AUX INÉGALITÉS ILS DÉFENDENT LES PLUS FAIBLES...
INCARNANT LA FIGURE MÊME DU COMBAT POUR LA JUSTICE.

BIEN SÛR
CE CINÉMA
SOULIGNE
TOUJOURS LA
SYMBOLIQUE DE
CES EXPLOITS.
POUR ÉTENDRE
LA DIMENSION DE
LEUR AVENTURE.
IL N'HÉSITE PAS À PIOCHER DANS LES GRANDES PAGES DE SON HISTOIRE...
OUR LE P
LON
SANS SE SOUCIER DES MENSONGES QU'ELLE RECOUVRE...
POUR GÉNÉRALISER CES QUALITÉS À L'AMÉRIQUE TOUTE ENTIÈRE.
SOLIDARITÉ, GÉNÉROSITÉ, ABNÉGATION...
OÙ EST LE PROBLÈME AVEC CES VALEURS ?
DES PERSONNAGES QUI VOLENT AUX RICHES POUR DONNER AUX PAUVRES...
COMMENT NE PAS ÊTRE AMÉRICAIN ?
20
th

ALORS !
ON N'EMBRASSE PLUS SON VIEUX COPAIN !!
RONALD, TU ES VENU ! VIENS, ENTRE !
COMMENT VAS-TU JOHN ?
RICHARD ! TU ES LÀ AUSSI !
COMMENT ÇA VA RONNIE ?
OÙ EST HENRY ?
IL EST LÀ. HENRY ! VIENS PAR ICI !
GEORGES, CONTENT DE TE VOIR !
SALUT COW-BOY.
HENRY, RONALD EST LÀ !
TU ES VENU SANS TON GOSSE ?
NON, NON, IL EST LÀ. AVEC JIMMY !
HMMM...
FAIS PAS CHIER...

JIMMY EST ICI ?
JE L'AVAIS PAS VU.
HEY BILL ! ON N'ATTENDAIT PLUS QUE TOI !
HI JOHN !
JE SUIS LE DERNIER ?
COMMENT ÇA VA TON MAL DE TÊTE JOHN ?
OH, JE CROIS QUE ÇA NE PASSERA JAMAIS VRAIMENT, TU SAIS...
PUTAIN C'EST DUR...
QU'EST-CE QUI SE PASSE JUNIOR ? IL Y A UN PROBLÈME AVEC ONCLE JIMMY ?
NON, TOUT VA BIEN RONNIE...
ONC' RONALD, VIENS JOUER AVEC MOI !
TU T'AMUSES PAS AVEC JIMMY ?
NON, REGARDE SES HÉLICOPTÈRES ! ILS SONT NAZES ! ILS FONT QUE S'ÉCRASER DANS LE DÉSERT !
C'EST À DIRE QUE ...
C'EST PAS GRAVE, JUNIOR. ON DEMANDERA À COLIN DE T'EN ACHETER DE MEILLEURS !
PUTAIN CE CONNARD DE CLINTON EST LÀ AUSSI ...

J'AI JAMAIS PU SAQUER CE FILS DE PUTE...
HEY BILL, COMMENT VA ?
ARRÊTE ! SI T'EN FAIS TROP IL VA VENIR SE FROTTER CONTRE TA JAMBE !
DIS-DONC JOHN, ÇA FAISAIT UN BAIL, HEIN ? ÇA FAIT DU BIEN DE SE RETROUVER DANS CES MEUBLES, NON ?
HIN HIN !
HIN HIN!
DIS-MOI, TU ES SÛR QU'IL N'Y A PAS DE PUTAINS DE MICROS ?
DES MICROS ! IL Y A DES MICROS ICI ?!
NE VOUS INQUIÉTEZ PAS LES GARS. AUJOURD'HUI IL N'Y A PAS DE SOUCI.
ALLEZ, SERS-TOI UN VERRE, BILL, ON VA PAS TARDER...
LES AMIS! JE CROIS QUE NOUS SOMMES PRÊTS...
PUTAINS DE MICROS...
M'EN PARLE PAS.
VOICI L'HEURE DE NOUS METTRE À TABLE !

ATTENTION.
THE SIX MILLION DOLLAR MAN
BIEN SÛR JE NE SUIS PAS DUPE DE CE JEU D'IMAGES.
Metro Goldwyn Mayer
TRADE MARK
ON EST D'ACCORD...
L'AMÉRIQUE INCARNE BIEN MAL LES VALEURS QUE PORTE SON CINÉMA DE DIVERTISSEMENT...
... DE PROPAGANDE PARFOIS.
ET L'HISTOIRE DE CE PAYS EST BIEN MOINS RELUISANTE...
... QUE CELLE DÉCRITE PAR HOLLYWOOD.

EN RÉALITÉ GÉNOCIDEURS CONTRE LES INDIENS.
THE SIX MILLION DOLLAR MAN
ESCLAVAGISTES CONTRE LES NOIRS.
Metro Goldwyn Mayer
EXPANSIONNISTES CONTRE LES MEXICAINS.
ET COLONIALISTES CONTRE LES PORTORICAINS...
... LES ETATS-UNIS SONT PROBABLEMENT LE PAYS LE PLUS RACISTE ET BELLIQUEUX DE L'HISTOIRE.

DÈS L'ORIGINE LE NOUVEAU MONDE ÉTAIT PERSUADÉ D'AVOIR UNE DESTINÉE PARTICULIÈRE. D'AVOIR ÉTÉ CHOISI POUR ENSEIGNER QUELQUE CHOSE AU RESTE DU MONDE.
ET TOUTE L'HISTOIRE AMÉRICAINE EST MARQUÉE PAR UNE VOLONTÉ DE DOMINATION, NÉE DE CETTE CONVICTION QUE LA PROVIDENCE A CONFIÉ UNE MISSION À CETTE « NATION PRÉDESTINÉE ».

FORTS DE CE SENTIMENT LES ÉTATS-UNIS FIXENT DE MANIÈRE AGRESSIVE LE MODÈLE À SUIVRE.
ILS IMPOSENT AU RESTE DU MONDE LEUR MODÈLE ÉCONOMIQUE.
COMME TOUT EMPIRE, L'EXPANSIONNISME AMÉRICAIN INVOQUE LA MORALE, LA JUSTICE, LA LIBERTÉ...
MAIS LEUR PRÉOCCUPATION VÉRITABLE EST DE CONSERVER LE POUVOIR AU SEIN DES PAYS RICHES. ET DE CONTRÔLER LE TIERS-MONDE.

CE QUE VEULENT LES ETATS-UNIS C'EST LA STABILITÉ !
ET LA STABILITÉ, ÇA SIGNIFIE LA SÉCURITÉ POUR LES CLASSES DOMINANTES ET LES GRANDES ENTREPRISES AMÉRICAINES !
TOUT SIMPLEMENT ...
NOUS AVONS DES PLANS CONCERNANT LE MONDE !
TOUS LES PAYS DOIVENT ÊTRE SUBORDONNÉS AUX BESOINS DE L'ÉCONOMIE AMÉRICAINE ! ET CHAQUE TERRITOIRE A UNE FONCTION SPÉCIFIQUE !
N'OUBLIEZ PAS QUE DEPUIS 1953 TOUS LES SECRÉTAIRES D'ETAT AMÉRICAINS SONT LIÉS AUX GRANDES COMPAGNIES PÉTROLIÈRES !
COMPRENEZ BIEN : APRÈS LA 2e GUERRE MONDIALE NOUS DÉTENIONS 50 % DES RICHESSES MONDIALES. MAIS NOUS NE REPRÉSENTONS QUE 6 % DE LA POPULATION.
CE QUI VEUT DIRE QUE NOUS EXERCIONS UN CONTRÔLE ÉCRASANT SUR LA PLANÈTE !
IL FALLAIT SIMPLEMENT METTRE SUR PIED UN MODÈLE QUI PERMETTE DE MAINTENIR CE DÉSÉQUILIBRE !

POUR ÇA LE LIBRE-ÉCHANGE ÉTAIT UNE THÉORIE TRÈS UTILE...
... À CONDITON DE PLIER LE MONDE À CE MODÈLE ÉCONOMIQUE !
ATTENTION ! AU SEIN DES GRANDES ENTREPRISES, PERSONNE NE PREND CETTE DOCTRINE AU SÉRIEUX !
NAAN, BIEN SÛR !
LES SEULS SECTEURS DE L'ÉCONOMIE AMÉRICAINE QUI TIENNENT LE COUP AU NIVEAU INTERNATIONAL SONT CEUX QUI REÇOIVENT DES SUBVENTIONS DE L'ÉTAT !
EN FAIT CE QUE NOUS APPELONS LA LIBRE ENTREPRISE C'EST UNE INTERVENTION MASSIVE DE L'ÉTAT-PROVIDENCE POUR LES RICHES !
C'EST QUOI L'ÉTAT-PROVIDENCE ?
BREF, CHEZ NOUS ON FAIT UNE POLITIQUE PROTECTIONNISTE...
... ET AILLEURS ON PRESCRIT LE LIBRE-ÉCHANGE DE MANIÈRE OBLIGATOIRE !

LE PLUS SÉRIEUX OBSTACLE VIENT SOUVENT DES PAYS SENSIBLES AUX CONDITIONS DE VIE DE LEUR POPULATION...
DES PAYS QUI VEULENT DÉVELOPPER LE PROGRÈS SOCIAL PLUTÔT QUE DE FAVORISER LES INTÉRÊTS DES FIRMES AMÉRICAINES !
CETTE TENDANCE POLITIQUE N'EST PAS FAVORABLE AUX INVESTISSEMENTS AMÉRICAINS !
DÉFINITIVEMENT NON...
ALORS QUAND UN TEL GOUVERNEMENT PARVIENT AU POUVOIR ...
... IL FAUT LE DÉLOGER !
AU DÉBUT ON A FAIT APPEL À DES SPÉCIALISTES COMME CONSEILLERS MILITAIRES. PAR EXEMPLE KLAUS BARBIE, L'ANCIEN CHEF DE LA GESTAPO À LYON !
... NOUS NOUS SOMMES EMPLOYÉS À LIVRER LA GRÈCE, LE JAPON, LA COLOMBIE... À DES INDUSTRIELS QUI AVAIENT SOUTENU LE FASCISME !

PUIS IL A FALLU RENVERSER DES GOUVERNEMENTS. EN IRAN EN 1953. AU GUATEMALA EN 63...
AU BRÉSIL EN 64 ! AU CHILI EN 73...
ECOUTE ÇA FISTON !
EN INDONÉSIE EN 1965, GRENADE EN 83...
NOTRE BUT ÉTAIT D'EMPÊCHER TOUT EXCÈS DÉMOCRATIQUE DANS CES PAYS ÉTRANGERS.
UNE FOIS LA STABILITÉ RETROUVÉE...
... NOUS ADMINISTRONS LE PAYS À TRAVERS LE FMI...
... QUI IMPOSE L'OUVERTURE DE L'ÉCONOMIE AUX INVESTISSEURS ÉTRANGERS...
... ET NOUS CONTRÔLONS LA POPULATION EN FORMANT LES MILITAIRES LOCAUX À GÉRER LA SÉCURITÉ INTÉRIEURE !
LA SÉCURITÉ INTÉRIEURE ! HA HA !
HA HA !

EN AMÉRIQUE CENTRALE, LE NOMBRE DE PERSONNES ASSASSINÉES PAR DES FORCES ALLIÉES DEPUIS LA FIN 70 S'ÉLÈVE À ENVIRON 200 000 !
WAOUU !
ATTENTION. CE TRAVAIL DE TUEUR EN SÉRIE INTERNATIONAL EST EXTRÊMEMENT COÛTEUX !
ET IL FAUT CONVAINCRE LES AMÉRICAINS D'Y SACRIFIER DES INVESTISSEMENTS ÉNORMES !
LA MEILLEURE SOLUTION EST DE SUSCITER LA CRAINTE D'ENNEMIS MORTELS ...
... SUR LE POINT DE NOUS ÉCRASER.
ALORS ON A INVENTÉ LA GUERRE FROIDE ...
DADDY, C'EST QUOI LA GUERRE FROIDE ?
HA, FISTON, LA GUERRE FROIDE ...
C'ÉTAIT LE BON TEMPS...

PLUS ON EN APPREND PLUS LES MASQUES TOMBENT.
VOOOO
BAM
BAM
ET ON COMPREND MIEUX QUE LES ÉTATS-UNIS ASPIRENT À SÉDUIRE LES CŒURS.

PAYS IMPÉRIALISTE...
... CYNIQUE ET BRUTAL, OBJET DE HAINE DE TANT DE PEUPLES, LES USA DOIVENT CRÉER UN MYTHE FAVORABLE.
COMMENT Y ÉCHAPPER ?
L'AMÉRIQUE MAÎTRISE LES SYMBOLES. ELLE EXERCE UNE FORTE HÉGÉMONIE DANS LE CHAMP CULTUREL ET IDÉOLOGIQUE.
BAM
BAM BAM

ET L'EMPIRE AMÉRICAIN SE PRÉSENTE AVEC LA SÉDUISANTE APPARENCE HOLLYWOODIENNE...
C'EST DUR DE NE PLUS Y CROIRE... VOILÀ QUE LES MÉCHANTS NE SONT PAS CEUX QU'ON CROYAIT QUAND ON ÉTAIT PETIT...
... ET LES GENTILS ONT PRIS UN VISAGE BIEN INQUIÉTANT.
CE SONT EUX QUI REFUSENT DE RATIFIER LE TRAITÉ DE NON-PROLIFÉRATION NUCLÉAIRE.
QUI REFUSENT DE SIGNER LE PROTOCOLE DE KYOTO.

QUI REFUSENT DE BANNIR LES MINES ANTI PERSONNEL.
BLAM BAM
ET QUI REFUSENT LA COUR PÉNALE INTERNATIONALE...
D'AILLEURS ON LES COMPREND !
CERTAINS PRÉSIDENTS AMÉRICAINS SONT DE VÉRITABLES CRIMINELS DE GUERRE ...
ET TOUS ONT ÉTÉ IMPLIQUÉS DANS DE GRAVES CRIMES CONTRE L'HUMANITÉ.

FINALEMENT L'AMÉRIQUE SEMBLE S'INCARNER, NON PAS DANS SES HÉROS…
… MAIS DANS LES PIRES " MÉCHANTS " DONT HOLLYWOOD DÉPEIGNAIT LES MÉFAITS.
CETTE LUTTE POUR LA JUSTICE DONT ILS NOUS AVAIENT DONNÉ LE GOÛT …
VOOOH
VVOOH
… PREND UN AUTRE VISAGE.

SOYONS CLAIRS : PERSONNE NE CROYAIT À UNE AGRESSION SOVIÉTIQUE !
L'EXAGÉRATION DE LA PUISSANCE DE L'ENNEMI EST LE PREMIER PRINCIPE DE LA STRATÉGIE AMÉRICAINE !
OUAIS, TOUJOURS EXAGÉRER ! TOUJOURS...
EN FAIT, LA GUERRE FROIDE ÉTAIT PLUTÔT UN ARRANGEMENT TACITE ENTRE NOUS ET LES RUSSKOFFS !
C'EST QUOI LES RUSSKOFFS ?
EUX ÇA LEUR PERMETTAIT DE CONTRÔLER LEURS SATELLITES EUROPÉENS...
... ET NOUS ON POUVAIT FAIRE LA GUERRE AU TIERS-MONDE !
ON JUSTIFIAIT CHAQUE INTERVENTION COMME UNE MESURE DE DÉFENSE PAR RAPPORT À LA MENACE SOVIÉTIQUE !

C'ÉTAIT SI SIMPLE : ON APPELAIT COMMUNISTE TOUT PAYS QUI REFUSAIT DE REMPLIR SON RÔLE DE SOUTIEN À NOTRE ÉCONOMIE !
CHAQUE PAYS QUI DONNAIT « LE MAUVAIS EXEMPLE ».
PAR EXEMPLE LE CHILI ÉTAIT UN « VIRUS » QUI AURAIT « INFECTÉ » LA RÉGION.
BORDEL, ON POUVAIT TOUT SE PERMETTRE !
QUAND ON A ATTAQUÉ LE VIET-NAM ON A MÊME DIT QU'ON Y ALLAIT POUR LE DÉFENDRE !
VIETNAM
1960
C'EST DINGUE...
GUATEMALA
1953
LE GUATEMALA, ON L'A TRANSFORMÉ EN ABATTOIR. PUTAIN, C'ÉTAIT PRESQUE UN GÉNOCIDE !
ET POURTANT LE MONDE NOUS CONSIDÉRAIT ENCORE COMME UNE SOURCE D'INSPIRATION POUR LA DÉMOCRATIE !
IRAN
1963

Ouais ! Ce salaud de Carter, il n'a l'air de rien ! Mais au Salvador, ses escadrons de la mort ont massacré des milliers de personnes !
Non... c'était rien...
CAMBODIA
Et ça en toute impunité !
La menace de la « pomme pourrie ! »
1960
Regardez Kissinger...
KOREA
1960
Ce mec a soutenu toutes les dictatures militaires du monde !
Les pires régimes ! Pinochet, Videla, Marcos...
CHILE
1973
INDONE
196
Résultat ? Prix Nobel de la paix en 1973 !
Tu vois Bill, ton histoire avec Monica... À l'époque on l'aurait accusée d'être communiste ! Et hop, c'était réglé !
Ni vu ni connu j't'embrouille !
Shit...

ET PUIS LES RUSSKOFFS ONT FLANCHÉ...
GLAZNOST, PERESTROÏKA...
CE GORBATCHEV, QUEL GÂCHEUR !
C'EST QUI BATCHEF ?
ON A REPROCHÉ À GEORGES SON ABSENCE DE GRANDS DESSEINS... MAIS C'EST PAS JUSTE ! JE VEUX DIRE NOUS ON AVAIT CET EMPIRE DU MAL ...
OUAIS... IL A FALLU BOSSER DUR, INVENTER D'AUTRES MENACES...
ON A EU KADHAFI ET SES TERRORISTES INTERNATIONAUX. PUIS GRENADE ...
PUTAIN, ON ÉTAIT OBLIGÉS DE METTRE DES MECS EN PLACE POUR LES RENVERSER ENSUITE !
NORIEGA, ET SES NARCOTRAFICANTS...
SADDAM...
DAD ! SADDAM C'EST LES BOUGNOULS ?
APRÈS VOUS AVEZ INVENTÉ LES ETATS VOYOUS...
OUI... IL FALLAIT EXPLIQUER AU CONGRÈS QUE LES MENACES MILITAIRES EXIGENT DE NOUVELLES DÉPENSES. ET LES MECS ONT TROUVÉ CE TRUC DES ETATS VOYOUS... LE TERRORISME INTERNATIONAL, TOUT ÇA...

DE TOUTE FAÇON C'ÉTAIT HYPER CRÉDIBLE ! JE VEUX DIRE LE MONDE ENTIER A TELLEMENT DE RAISONS DE NOUS DÉTESTER !!
SINON, ON A AUSSI LE FMI ET LA BANQUE MONDIALE...
OUAIS ?...
ÇA REMPLACE PAS UNE BONNE GUERRE...
NON, MAIS C'EST PLUS RENTABLE QUE LES MARINES...
PENDANT MON MANDAT, ON A IMPOSÉ DES SANCTIONS ÉCONOMIQUES, PLUS DE 60 FOIS, CONTRE 35 PAYS...
TU ENTENDS ÇA FILS ?
TU VIENS RONNIE ?
J'ARRIVE !
QUELQU'UN A VU MON CHAPEAU ?

VOOSH
SHH
LE PROBLÈME AVEC LE CINÉMA AMÉRICAIN...
... CE NE SONT PAS LES VALEURS QU'IL PORTE...

... MAIS L'INDÉCENCE AVEC LAQUELLE IL PARE SON PAYS DE CES MÊME VALEURS ...
VOOU
... QUE LES USA BAFOUENT EN RÉALITÉ CONSTAMMENT.
LE PREMIER DES ETATS VOYOUS. PRÊT À FAIRE USAGE DE LA FORCE AU NOM DE L'INTÉRET NATIONAL.
VOOOH
ET S'ÉRIGEANT EN JUGE ET BOURREAU À L'ÉCHELLE PLANÉTAIRE !

TELLEMENT CONTRAIRE À L'IMAGE QU'EN DONNE SON CINÉMA !
MAIS C'EST À DOUBLE TRANCHANT !
NOOO
SI J'AI LES CONVICTIONS QUI SONT LES MIENNES AUJOURD'HUI ...
... C'EST AUSSI PARCE QUE J'AI ÉTÉ NOURRI DE FILMS AMÉRICAINS !

LES HÉROS DES FILMS HOLLYWOODIENS NE SONT PAS QUE DES COQUILLES CREUSES.
MÊME S'ILS SONT LE PRODUIT D'UN SYSTÈME HYPOCRITE, ILS INCARNENT AVEC UNE FORCE EXTRAORDINAIRE DES IDÉES QUI RESTENT VALABLES !
WALT DISNEY ÉTAIT PROBABLEMENT UN SYMPATHISANT NAZI...
MAIS MONTRER SES DESSINS ANIMÉS AUX ENFANTS LES NOURRIT DE MODÈLES ...
... QUI SONT À L'OPPOSÉ DU SYSTÈME POLITIQUE AMÉRICAIN.

NOUS AVONS CONNU LES WESTERNS PENDANT L'ENFANCE. NOUS AVONS ÉTÉ NOURRIS AVEC ÇA.
AUSSI MENSONGÈRE QUE SOIT LA SAGA DE L'OUEST, ELLE NE L'EST PAS PLUS QUE TOUT AUTRE MYTHOLOGIE.
C'EST UN MYTHE. ÉLOIGNÉ DE LA RÉALITÉ. MAIS QUI PEUT INSPIRER NOS ACTIONS.
IL FAUT CONTINUER À EXIGER DU RÊVE AMÉRICAIN LE RESPECT DE SES PROMESSES.
NE PAS SE RÉSIGNER AUX VISAGES DE MACCARTHY, RICHARD NIXON, JOHN WAYNE OU OLIVER NORTH.

IL FAUT LEUR OPPOSER D'AUTRES FIGURES.
CELLES DE MARTIN LUTHER KING...
DE NORMAN MAILER.

DE STEINBECK, RICHARD BRAUTIGAN.
CASSAVETES
WOODWARD ET BERNSTEIN.
FINALEMENT IL N'Y A PAS MEILLEUR ADVERSAIRE DE L'AMÉRIQUE RÉELLE...
... QUE LE RÊVE AMÉRICAIN.

Chapitre 5

JE ME RAPPELLE MAL DE LA PHOTO.
NOVEMBRE 1980. REAGAN EST ÉLU PRÉSIDENT. JE SUIS CONTENT.
ELLE OCCUPE TOUTE LA DOUBLE PAGE.
ON VOIT DES AVIONS.
LES AMÉRICAINS ONT DE LA CHANCE QUAND MÊME.
JE SAIS PLUS EN QUELLE ANNÉE ÇA SE PASSE. MAIS QUELQUE CHOSE NE VA PAS...
ILS ONT UN COW-BOY COMME PRÉSIDENT !
LE TEXTE PARLE DE BOMBARDEMENTS SUR DES VILLAGES. ... QUELQUE PART EN ASIE.
MAIS QUELQUE CHOSE NE VA PAS...
DANS CET ARTICLE, LES AMÉRICAINS SONT LES MÉCHANTS...

Octobre 2000.
Je suis un vrai petit militant maintenant.
Je fais le trajet en voiture jusqu'à St Brieuc pour les Assises d'Attac.
Avec Bernard.
Et Valérie.
Pendant le voyage une discussion commence. Je leur demande pourquoi ils sont de gauche.
La question les surprend.
C'est une vraie question.
Non ?
Ils invoquent tous les deux la tradition familiale.
Une sensibilité éveillée dans ce contexte.
Moi mes parents étaient de droite.

MON PÈRE LISAIT LE POINT.
JE LISAIS JACQUES FAIZAN.
NOVEMBRE 1980.
IL Y A 20 ANS.
REAGAN EST ÉLU PRÉSIDENT.
DÉCEMBRE 1997.
17 ANS PLUS TARD JE SUIS AU CHIAPAS.
COMMENT LA BALLE A-T-ELLE REBONDI ?
QU'EST-CE QUI FORME L'ANIMAL POLITIQUE ?
18 NOVEMBRE 1991. VUKOVAR TOMBE APRÈS 87 JOURS DE SIÈGE ET DE BOMBARDEMENTS.
QUI A ALLUMÉ CELA EN NOUS ? CETTE PRÉOCCUPATION. SE SENTIR PARTIE PRENANTE. SE SENTIR CONCERNÉ.
QUELS MODÈLES ? QUELS ÉVÈNEMENTS NOUS ONT MARQUÉ ?

JANVIER 1981. TÉHÉRAN LIBÈRE LES OTAGES AMÉRICAINS.
DES NOMS ME REVIENNENT. DES DATES...
JANVIER 2001. LYON.
DANS LE PUZZLE COLLECTIF, QUELLES PIÈCES NOUS CONSTITUENT ?
28 JANVIER 1986. EXPLOSION DE CHALLENGER.
MARSEILLE. IL Y A DEUX MOIS.
MANIFESTATION CONTRE LA LOGIQUE LIBÉRALE DU PARTENARIAT EURO-MÉDITERRANÉEN.
attac
PALESTINE
%
attac RHONE
20 NOVEMBRE 1980. SORTIE DE L'EMPIRE CONTRE ATTAQUE.
EMPIRE STRIKES BACK
LES PIÈCES SE SONT MISES EN PLACE DOUCEMENT. QUELQUES FISSURES, SIMPLEMENT, AU DÉBUT... DES CHOSES QUI SCANDALISENT...

5 FÉVRIER 2000. LYON.
MANIFESTATION CONTRE LA POLITIQUE FRANÇAISE QUI SOUTIENT LE DICTATEUR SASSOU NGUESSO DANS LA GUERRE CIVILE QU'IL MÈNE AU CONGO-BRAZAVILLE, AU PRIX DE DIZAINES DE MILLIERS DE MORTS.
LIVRAISON D'ARMEMENTS LOURDS À SES MILICES...
ELF
BOLLORÉ
PARIBAS
COMMANDOS DE MERCENAIRES FINANCÉS PAR LA FIBA, LA BANQUE D'ELF...
POMPE AFRIQUE
CHIRAC & SASSOU
s'elf service
40 ANS DE CRIMES
NGUESSO A PROMIS À LA FRANCE QUE SON PAYS SE CONTENTERAIT DE 17% DE RECETTES PÉTROLIÈRES CONTRE LES 33% QU'AVAIT OBTENUS LISSOUBA...
EN AFRIQUE
... LE PRÉSIDENT RENVERSÉ.
FRANCE ELF J'AI HONTE
JUTEUX NON ? EN TOUT CAS LA LOGIQUE LIBÉRALE, QUI MET LE PROFIT AU-DESSUS DE LA VIE DES PEUPLES, JUSTIFIE CETTE COMPLICITÉ DE CRIME CONTRE L'HUMANITÉ.

C'EST TOUTE LA POLITIQUE AFRICAINE DE LA FRANCE DEPUIS FOCCART QUI EST RÉSUMÉE LÀ : FAIRE SEMBLANT D'ACCOMPAGNER LE MOUVEMENT DE DÉCOLONISATION POUR GARDER LES PAYS D'AFRIQUE NOIRE DANS LE GIRON FRANCOPHONE.
elf Service
... QUITTE À SOUTENIR LES PIRES DICTATURES !
elf
ELF A JUSTEMENT ÉTÉ CONÇU EN 1965, COMME UN SERVICE SECRET MODERNE, POUR CONFISQUER L'INDÉPENDANCE DES COLONIES.
ELF L'AFRIQUE AGONISE
PASQUA =
DEMOCRATIE AU CONGO
OCRATIE
ZAVILLE
C'EST INCROYABLE QUAND MÊME ! CE QU'ON FAIT LÀ-BAS DÉPASSE L'IMAGINATION...
CE QUE VERSCHAVE APPELLE ...
LA FRANÇAFRIQUE ...
... C'EST UNE NÉBULEUSE ÉCONOMIQUE, POLITIQUE ET MILITAIRE, ORGANISÉE EN RÉSEAUX MAFIEUX AFIN DE CONSERVER L'ACCÈS AUX RENTES COLONIALES.
LA DÉCOLONISATION C'EST 40 ANS DE CRIMES ! DE GUERRES ! D'ASSASSINATS POLITIQUES.

DES DIRIGEANTS AMIS SONT INSTALLÉS À LA TÊTE DES ANCIENNES COLONIES. LES AUTRES SONT ÉLIMINÉS. LES AMIS SONT CONVIÉS À S'ENRICHIR. A ENRICHIR LEURS PARRAINS FRANÇAIS. ET À BLANCHIR L'ARGENT DE LEURS PARTIS POLITIQUES.
BIEN SÛR CES RÉSEAUX N'EXISTENT QUE GRÂCE AUX PARADIS FISCAUX. LÀ ENCORE, L'ENNEMI MAJEUR CE SONT LES IDÉOLOGIES LIBÉRALES ET LES MÉCANISMES DE DÉRÉGULATION, D'ABSENCE DE CONTRÔLE !
BIEN ENTENDU ON FICHE EN L'AIR LE DÉVELOPPEMENT DE L'AFRIQUE ...
MAIS QUI SE SOUCIE DU DÉVELOPPEMENT DE L'AFRIQUE ?
C'EST FOU ! LA POLITIQUE AFRICAINE DE LA FRANCE EST SÛREMENT UN DES PLUS GROS SCANDALE DU 20° SIÈCLE...
MAIS PERSONNE N'EN PARLE !
ET LA FRANCE A TOUJOURS CETTE IMAGE DU « PAYS DES DROITS DE L'HOMME ! »

OUAIS, TU SAIS CE QUE MITTERRAND AVAIT DIT ...
« DANS CES PAYS LÀ, UN GÉNOCIDE, C'EST PAS TROP IMPORTANT. »
J'Y CROIS PAS...
L'AUTRE JOUR J'AI LU UN AUTRE TRUC TERRIBLE...
POUR RATIFIER LA COUR PÉNALE INTERNATIONALE, LA FRANCE A EXIGÉ UNE CLAUSE PROTÉGEANT LES MILITAIRES FRANÇAIS DE TOUT PROCÈS POUR CRIME DE GUERRE...

PUTAIN, MAIS J'AI HONTE...
POURQUOI ON SAIT PAS ÇA ? !
POURQUOI C'EST PAS EN PREMIÈRE PAGE DE TOUS LES JOURNAUX ? !
COMMENT ÇA SE FAIT QUE TOUT LE MONDE SOIT PAS DANS LA RUE ?

JANVIER 1981 : TÉHÉRAN LIBÈRE LES OTAGES AMÉRICAINS. 1985 : IRANGATE.
Lt Col OLIVER NORTH Former NSC Aide
LES RECOUPEMENTS SE FONT. LE PARCOURS SE DESSINE.
DES SILLONS. RIEN D'IDÉOLOGIQUE ENCORE.
DE LA SENSIBILITÉ AUX CONVICTIONS.
9 DÉCEMBRE 1992.
DÉBARQUEMENT AMÉRICAIN EN SOMALIE.
PUIS DES CONVICTIONS À L'ENGAGEMENT. COMME UNE ÉVIDENCE. QUELQUE CHOSE DE NATUREL.
« TU PEUX PAS ÊTRE ICI 10 ANS ET RESTER LE MÊME, » DISAIT MARCOS.
« FACE À LA PAUVRETÉ ET AUX ENVIES DE CHANGEMENT, D'AMÉLIORATION, TU NE PEUX PAS RESTER LE MÊME, À MOINS D'ÊTRE UN CYNIQUE... OU UN FILS DE PUTE. »

POURQUOI TU LIS ÇA ?
JANVIER 2001. CONVERSATION AVEC PRUNE.
POURQUOI POURQUOI ?
Svetlana Alexievitch
La Supplication
JC Lattès
JE SAIS PAS. DES TÉMOIGNAGES SUR TCHERNOBYL. C'EST PAS UN PEU MALSAIN, DE LIRE ÇA ?
MALSAIN ? ... NON, JE VOIS PAS ÇA COMME ÇA.
COMMENT DIRE... TCHERNOBYL JUSQU'À MAINTENANT JE M'ÉTAIS JAMAIS TROP PENCHÉ LÀ-DESSUS.
JE SAIS PAS POURQUOI...
POUR MOI LE SCANDALE C'ÉTAIT SURTOUT ... CETTE HISTOIRE DE NUAGE RADIOACTIF QUI S'ARRÊTE À LA FRONTIÈRE.
ET PUIS POLLAC A CHRONIQUÉ CE LIVRE SUR FRANCE INTER.
IL Y AVAIT DES LARMES DANS SA VOIX QUAND IL EN PARLAIT...
ET JE ME SUIS DIT QUE JE NE POUVAIS PAS FAIRE SEMBLANT D'AVOIR RIEN ENTENDU.

QUE CE QUI SERAIT INDÉCENT, CE SERAIT DE NE PAS LE LIRE.
OUI, JE SAIS PAS... QUAND JE LISAIS CE BOUQUIN SUR LA BIRMANIE ...
J'EN AVAIS LES LARMES AUX YEUX...
ALAIN CLEMENTS
Birmanie TOTALitaire
L'ESPRIT FRAPPEUR
ET JE ME DEMANDE À QUOI ÇA SERT FINALEMENT, À PART ENTRETENIR CE SENTIMENT D'IMPUISSANCE...
L'opini
a se
availle
e Halimi & Dominique
(Les méd
À QUOI ÇA RIME SI C'EST SIMPLEMENT POUR ÊTRE UN PEU MOINS HEUREUSE DANS MA VIE. ...
MAIS JUSTEMENT... TOUT EST LÀ !
CETTE ENVIE DE NE PAS SAVOIR...
EST-CE QUE C'EST PAS JUSTEMENT CE QUI REND TOUT ÇA POSSIBLE ?
JE VEUX DIRE, CETTE SOCIÉTÉ EST TELLEMENT AGRÉABLE SI ON SE LAISSE FAIRE...
ON SAIT TRÈS BIEN CE QU'ON A À PERDRE...

C'EST DES CHOIX À FAIRE...
QUAND ON LIS CES ARTICLES SUR NESTLÉ, ET LEURS CAMPAGNES EN AFRIQUE, ON PEUT PLUS ACHETER CETTE MARQUE...
OÏC WACQUANT
Les prisons de la misè
ET C'EST MÊME PAS UNE QUESTION DE CONSCIENCE POLITIQUE.
TU TE RAPPELLES CES CHIFFRES ? UN ENFANT TOUTES LES 3 SECONDES ! QUI MEURT À CAUSE DE LA PAUVRETÉ !
C'EST QUE HUMAINEMENT... C'EST PAS TOLÉRABLE.
SI...
... C'EST POLITIQUE.

CROATIE. SEPTEMBRE 1997.
JE SUIS REVENU VOIR LES GENS QUE J'AVAIS RENCONTRÉ À PAKRAC.
PATRICIA EST AVEC MOI. ELLE VIENT ICI POUR LA 1° FOIS. JE LUI RACONTE L'ARRIVÉE DE LA GUERRE EN 1991...
... PUIS CETTE LIGNE DE CESSEZ-LE-FEU QUI COUPE LA VILLE EN DEUX.
JE LUI PARLE D'ANNA, DE DARKO, DE LJUBA.
PATRICIA PLEURE.
« ON DEVRAIT ENVOYER TOUT LE MONDE ICI, POUR APPRENDRE... »
... DIT-ELLE.
DÉCEMBRE 1989. OPÉRATION JUSTE CAUSE AU PANAMA
A PAKRAC IL Y AVAIT CETTE PHRASE SUR UN MUR :
« SI LA GUERRE EST LA RÉPONSE, ÇA DEVAIT ÊTRE UNE QUESTION DE MERDE. »

Du 25 mars au 10 juin 1999...
... l'OTAN a conduit une guerre aérienne contre la Serbie.
Pertes civiles serbes : entre 400 et 600 personnes.
Pertes alliées : aucune.
Toutes les
Stars
LIBERATION
Les médias ont apprecié leur propre travail, et jugé leur traitement du conflit exemplaire.
Le bombardement aérien devait durer trois jours. Il a duré onze semaines.
Stars
30 000 obus à l'uranium appauvri ...
... ont été tirés au Kosovo.

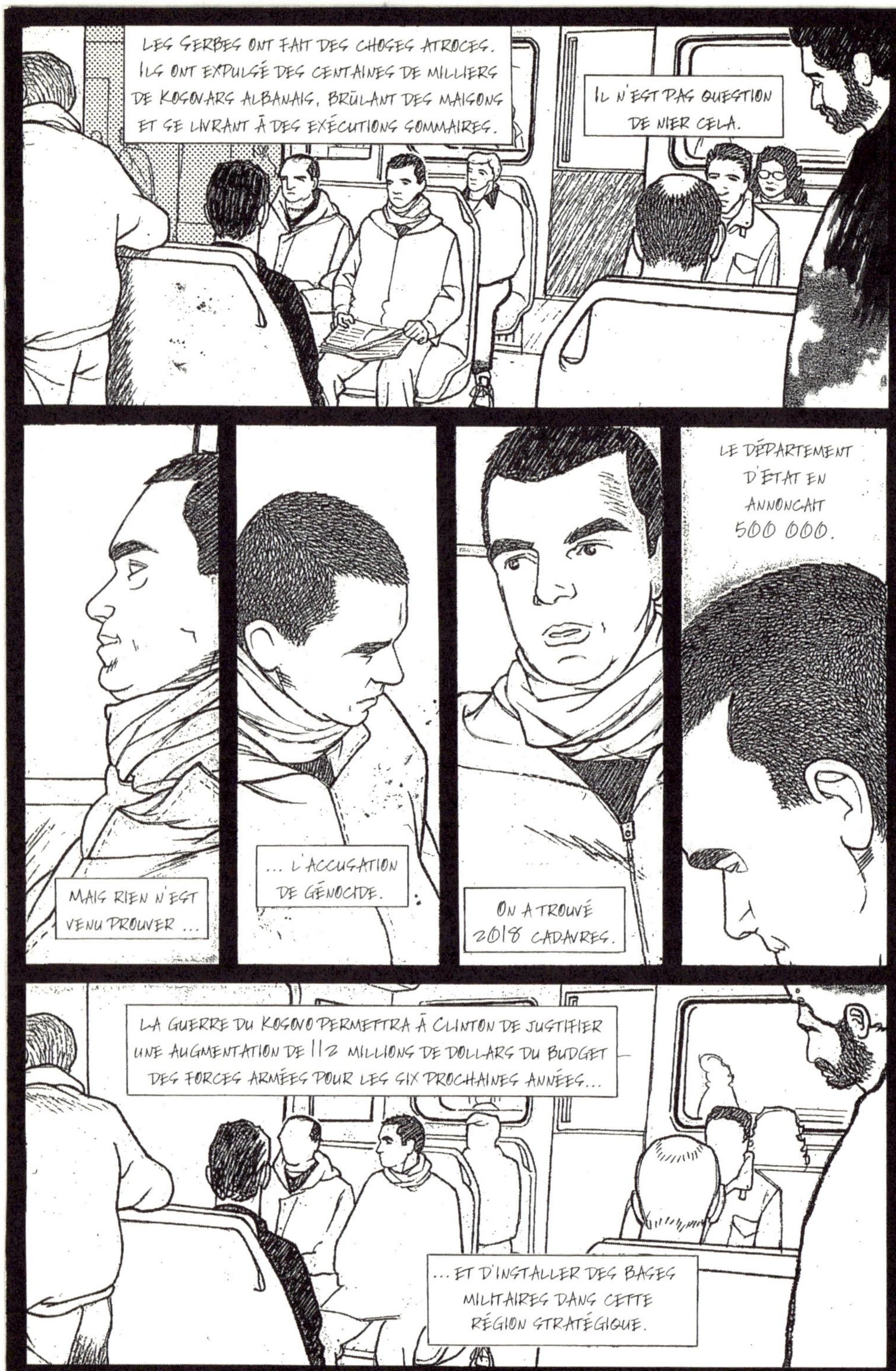
LES SERBES ONT FAIT DES CHOSES ATROCES. ILS ONT EXPULSÉ DES CENTAINES DE MILLIERS DE KOSOVARS ALBANAIS, BRÛLANT DES MAISONS ET SE LIVRANT À DES EXÉCUTIONS SOMMAIRES.
IL N'EST PAS QUESTION DE NIER CELA.
MAIS RIEN N'EST VENU PROUVER ...
... L'ACCUSATION DE GÉNOCIDE.
ON A TROUVÉ 2018 CADAVRES.
LE DÉPARTEMENT D'ÉTAT EN ANNONCAIT 500 000.
LA GUERRE DU KOSOVO PERMETTRA À CLINTON DE JUSTIFIER UNE AUGMENTATION DE 112 MILLIONS DE DOLLARS DU BUDGET DES FORCES ARMÉES POUR LES SIX PROCHAINES ANNÉES...
... ET D'INSTALLER DES BASES MILITAIRES DANS CETTE RÉGION STRATÉGIQUE.

Libération
LYON
LA GUERRE
EN 1991...
... DURANT LES PREMIERS JOURS DE LA GUERRE DU GOLFE...
... LES BRIEFINGS AMÉRICAINS PRÉSENTAIENT UNE GUERRE HIGH-TECH, SANS GRAVITÉ.
DES VIDÉOS MONTRAIENT LES BOMBES INTELLIGENTES DE L'ONU FRAPPANT LEUR CIBLE AVEC UNE PRÉCISION CHIRURGICALE.
24
LA GUERRE SERAIT « COURTE ET PROPRE » ! VIEUX REFRAIN DU PENTAGONE...
ON CONNAIT LA CHANSON PAR CŒUR.
RÉSULTAT : LE SOUTIEN DE L'OPINION PUBLIQUE À LA GUERRE PASSA EN UNE NUIT DE 47 % À 80 % !

LE PRODUIT ÉTAIT VENDU.
NOUS NOUS ÉTIONS LAISSÉS ENROLER, DE NOTRE PLEIN GRÉ...
525
... EN PARIANT SUR LE PLAISIR QU'ON Y PRENDRAIT.
ILLION
TF1
C'EST CETTE ALIÉNATION OBSCÈNE QUI PARVIENDRA À FAIRE PLEURER LES CHÔMEURS DU MONDE ENTIER SUR LA MORT D'UNE PRINCESSE RICHISSIME...
ET À LES FAIRE DESCENDRE PAR MILLIERS DANS LES RUES, POUR FÉLICITER QUELQUES JEUNES MILLIONNAIRES D'AVOIR ENCORE AUGMENTÉ LEUR FORTUNE PERSONNELLE...
ÉTONNANTE OPINION PUBLIQUE QUI DIGÈRE EN DIRECT LE CADAVRE INDÉSIRABLE FUMANT DANS SON ASSIETTE...

AU KOSOVO NOUS AVONS VU REVENIR…
… CE MÊME MASQUE GUERRIER AU VISAGE SOURIANT…
ON NOUS REDONNE TOUS LES JOURS À MANGER DE CE VIEUX FROMAGE POURRI QUE NOUS SOMMES.
ET NOUS NOUS EN CONTENTONS…
JOURNAL
JE NE SUIS PAS SÛR DE POUVOIR ME FAIRE CONFIANCE.

MOI J'AIME BIEN LA FNAC.
J'Y PEUX RIEN.
DES LIVRES, DES FILMS, DES DISQUES, SUR PLUSIEURS ÉTAGES. DÉSOLÉ, J'ADORE ÇA.
J'Y PASSERAIS DES HEURES.
FROM HELL
JOE SACCO
TITEUF
Rosa THURINGAE
BEN VOYONS...
C'EST PAS SI GRAVE...
LA FNAC CE N'EST QUE LE GROUPE PINAULT. SEULEMENT LE PLUS GROS LIBRAIRE DE FRANCE...
TANT PIS POUR LA DIVERSITÉ CULTURELLE, ET LES PETITES MAISONS D'ÉDITION...
TANT PIS POUR LES SALARIÉS ET LEURS RÉCENTES JOURNÉES D'ACTION...
OUI... C'EST PAS FACILE D'ÊTRE COHÉRENT...

A DEUX HEURES DE PARIS, DE L'AUTRE CÔTÉ DE LA MÉDITERRANÉE, S'ÉTEND UN IMMENSE ET DOUX JARDIN.
TERRE D'ACCUEIL ET D'HOSPITALITÉ, LA TUNISIE COMPTE PLUS DE 2 000 PRISONNIERS D'OPINIONS, ET 4 MILLIONS DE TOURISTES PAR AN. LE SOLEIL Y EST GÉNÉREUX, ET LA TORTURE QUOTIDIENNE.
LE LONG DES HOTELS DE BORD DE PLAGE, LA MER DÉPLOIE LE CHARME DE SON RIVAGE ÉMERAUDE SOUS UN CIEL TOUJOURS PARFAIT.
FÊTES TRADITIONNELLES, SUSPECTS RAFLÉS PAR MILLIERS, ET MARCHÉS HEBDOMADAIRES RYTHMENT LA VIE TUNISIENNE.
ICI LA JUSTICE EST AUX ORDRES ET LA PRESSE ASSERVIE.
ON PEUT VISITER DES SITES PUNIQUES, ET LES LIBERTÉS INDIVIDUELLES SONT BAFOUÉES.

MEILLEUR ÉLÈVE DE LA BANQUE MONDIALE DANS LA RÉGION, LE PAYS EST AUSSI RÉGULIÈREMENT CITÉ EN EXEMPLE PAR LE FMI.
EN SIGNANT UN ACCORD DE LIBRE-ÉCHANGE AVEC L'UNION EUROPÉENNE BEN ALI A SU CRÉER CE CLIMAT TELLEMENT ATTRACTIF POUR LES INVESTISSEURS ÉTRANGERS.
ET JACQUES CHIRAC NE MANQUE JAMAIS D'APPLAUDIR AU « MIRACLE TUNISIEN. »
PARTENARIAT
URO-TUNISIE
BIEN SÛR LE COÛT SOCIAL DE CET ACCORD SERA ÉNORME POUR LES TUNISIENS.
ET UN TIERS DES INDUSTRIES MANUFACTURIÈRES DISPARAITRONT PROBABLEMENT.
VISITEZ LA TUNISIE
MAIS COMMENT NE PAS CHOYER UN PAYS AMI QUI ACCEPTE DE DÉMANTELER SES BARRIÈRES DOUANIÈRES ?

En Tunisie un groupe Attac s'est formé pour tenter de dénoncer les accords de libre-échange avec l'Europe et leurs conséquences sur la population.
Tunis
Nabeul
Elkef
Sousse
Kairouan
Sfax
Ils comptent 94 membres. Ce qui en fait l'association non-reconnue la plus importante de Tunisie !
Le 8 avril 2000 Fathi Chamki, président d'Attac Tunisie, et Mohamed Chourabi, un militant, ont été arrêtés par la police tunisienne. Ils risquent 13 ans de prison.
Une campagne a été mise en place pour exiger leur libération. Notre comité Attac-Rhône s'est jumelé à eux, et la mobilisation a été très forte.
Amnesty International, la FIDH, la LDH, et des députés européens se sont joint à cette campagne.
ARRÊT des POURSUITES CONTRE les MEMBRES du RAID ATTAC-TUNISIE
Fathi et Mohamed ont été libérés après un mois de prison.
CONSULAT GENERAL DE TUNISIE
ÊT
ITES

AOÛT 2000.
AVEC QUELQUES AMIS D'ATTAC-RHÔNE NOUS ALLONS PASSER DEUX SEMAINES EN TUNISIE....
... À L'INVITATION DE FATHI.
ICI, LA RÉPRESSION EST SUBTILE, ET SINISTRE. LE GÉNÉRAL-PRÉSIDENT BEN ALI A TRANSFORMÉ LA TUNISIE EN UNE GIGANTESQUE CASERNE AUX AIRS DE CLUB DE VACANCES.
BEN ALI GÈRE CE PAYS AVEC LA MENTALITÉ D'UN FLIC. LES EFFECTIFS DE LA POLICE ONT ÉTÉ MULTIPLIÉS PAR 4 ! ET TOUS LES TUNISIENS SONT DES SUSPECTS EN PUISSANCE.
LE SORT RÉSERVÉ AUX ADVERSAIRES DU POUVOIR INCITE CHACUN À SURVEILLER SES PAROLES.
LE COURRIER EST SURVEILLÉ, LES CONVERSATIONS TÉLÉPHONIQUES ÉCOUTÉES.
FATHI, LUI, REFUSE DE BAISSER LA VOIX.

DEPUIS 1996 IL Y A UN VÉRITABLE DURCISSEMENT DE LA POLITIQUE LIBÉRALE ! LES PRIVATISATIONS SE SONT MULTIPLIÉES. LES ENTREPRISES SONT BRADÉES À DES INVESTISSEURS ÉTRANGERS...
... QUI SONT EXONERÉS D'IMPOTS SUR LES BÉNÉFICES PENDANT LES 5 PREMIÈRES ANNÉES... ET QUI PROCÈDENT À DES LICENCIEMENTS MASSIFS !
COMME DANS TOUS LES PAYS OÙ LES PLANS D'AJUSTEMENT STRUCTURELS IMPOSÉS PAR LE FMI ONT DÉTRUIT LE TISSU ÉCONOMIQUE, CES PRIVATISATIONS CRÉENT UNE SITUATION DIFFICILEMENT RÉVERSIBLE.
MAIS COMMENT RÉAGIR ?
ICI ON FAIT LA CHASSE AUX OPPOSANTS, AUX SYNDICALISTES, AVOCATS, JOURNALISTES...
CERTAINES CHOSES PRENNENT UN AUTRE SENS ICI.
JE PENSE AU PRIX QUE DOIVENT PAYER CERTAINES PERSONNES ...
... POUR POUVOIR FAIRE SIMPLEMENT LA MÊME CHOSE QUE NOUS, EN FRANCE.

6 OCTOBRE 2000.
CHUTE DE MILOSEVIC.
JANVIER 2001.
LYON.
IL Y A 3 MOIS JE SUIS ENTRÉ AU CONSEIL D'ADMINISTRATION D'ATTAC-RHÔNE.
1978. ASSASSINAT D'ALDO MORO.
JE ME DEMANDAIS POURQUOI JE SUIS DE GAUCHE...
JUIN 2001.
GÊNES.
LA VRAIE QUESTION EST : COMMENT PEUT-ON ÊTRE DE DROITE ?
JANVIER 2001.
PORTO ALEGRE. PREMIER FORUM SOCIAL MONDIAL.
ESSAYER DE DONNER DU CONTENU À UNE ENVIE DE RÉSISTANCE. NE SERAIT-CE QU'ÉPISODIQUEMENT. PAR INTERMITTENCE.
.. MÊME IMPARFAITEMENT

AUJOURD'HUI J'AI PLEIN DE CHOSES EN RETARD À FAIRE POUR ATTAC.
IL Y A CES AFFICHES À ALLER COLLER.
UN TEXTE À ÉCRIRE.
ET QUELQUES COUPS DE FIL À PASSER...
A-Z
AUJOURD'HUI IL FAIT SUPER BEAU DEHORS.
IL DOIT Y AVOIR LE MARCHÉ AUX LIVRES SUR LES QUAIS...

ALLEZ ! VACANCES AUJOURD'HUI !
C'ÉTAIT PRÉVISIBLE... MILITER LUI DONNE BONNE CONSCIENCE. ET DÉGONFLE SA RÉVOLTE.
IL AVAIT PLUS DE COLÈRE AVANT.
LA COLÈRE EST MAUVAISE CONSEILLÈRE OBI WAN, JE TE L'AI TOUJOURS DIT...
LA RÉVOLTE C'EST AUTRE CHOSE...

ILS SONT DES MILLIERS, FOULE COMPACTE ET NOIRE, VISAGES DISSIMULÉS SOUS LES PASSE-MONTAGNES.
SEPT ANS APRÈS LE DÉBUT DE L'INSURRECTION ILS ENTRENT À NOUVEAU DANS SAN CRISTOBAL.
ILS VIENNENT ACCOMPAGNER LEURS 23 COMMANDANTS, ET UN SOUS-COMMANDANT...
... QUI, SANS ARMES, ONT PRIS LA TÊTE D'UNE MARCHE VERS LA CAPITALE.
UN VOYAGE DE 14 JOURS ET 3 000 KILOMÈTRES, TRAVERSANT 12 ETATS PARMI LES PLUS PAUVRES DU MEXIQUE...
Queretaro
Zamora
Mexico
Toluca
MICHOACAN
Cuernavaca
Veracruz
TABASCO
PUEBLA
Orizaba
GUERRERO
OAXACA
CHIAPAS
... POUR DEMANDER LA RECONNAISSANCE POLITIQUE DES DROITS INDIGÈNES.

De tous les habitants du pays, les indigènes sont les plus oubliés. Des citoyens de seconde classe...
Ils ne sont pas côtables en Bourse. La globalisation implique leur élimination.
Pour le président Fox, ancien PDG de Coca-Cola Mexique, la solution au problème indien c'est ...
« ... une bagnole, une télé et une petite boutique ».
Un programme qui n'est que la continuation par d'autres moyens de l'ethnocide que le libéralisme promet au Mexique.
BIENVENIDOS
COMANDANTES

FACE À CETTE NOUVELLE ORGANISATION DU MONDE QUI EXCLUT LES MINORITÉS, LES ZAPATISTES OPPOSENT LA RÉSISTANCE DES INDIENS, PEUPLES FONDATEURS.
LA MAYOR CUALIDAD DE UN REVOLUCIONARIO ES SENTIR EN CARNE PROPIA CUALQUIER INJUSTICIA QUE SE COMETA EN CUALQUIER PARTE DEL MUNDO
« NOTRE MARCHE EST CELLE DE LA DIGNITÉ INDIENNE, » DIT MARCOS.
C'EST AUSSI LA MARCHE DE TOUS CEUX QUI NE SE RECONNAISSENT PAS DANS LE SYSTÈME POLITIQUE MEXICAIN, ET QUI REJETTENT LE NÉO-LIBÉRALISME.

LA LUTTE ZAPATISTE EST MENÉE AU NOM DE CETTE DIVERSITÉ.
L'UNIVERSALITÉ DE L'OFFENSIVE ENTRAINE UNE UNIVERSALITÉ DE LA RÉSISTANCE.
RESPECTO
DERECHOS
C'EST TOUTE L'HISTOIRE DU MEXIQUE MARQUÉE DÈS L'ORIGINE PAR LE SORT CRUEL RÉSERVÉ AUX INDIENS QUI POURRAIT ÊTRE CHANGÉE.
« LE NÉOLIBÉRALISME CONÇOIT LE MONDE ACTUEL COMME LE SEUL POSSIBLE, COMME L'ABOUTISSEMENT DE TOUS LES TEMPS. »
EDAD CIVIL
MORELENSE
LA BIENVENIDA
LA COMANDANCIA
« NOUS, PEUPLES INDIENS, SOMMES VENUS NOUS ASSURER QUE VIENDRA LE LENDEMAIN TOLÉRANT ET PLURIEL. LIRE CE QUI N'A PAS ENCORE ÉTÉ ÉCRIT. C'EST LE RÊVE QUI NOUS ANIME. »
enidos
¡Vamos juntos

LE 12 MARS 2001 LA MARCHE ENTRE DANS MEXICO EN SUIVANT L'ITINÉRAIRE EMPRUNTÉ EN 1914 PAR ZAPATA LORS DE LA RÉVOLUTION MEXICAINE.
LE CERCLE SE REFERME.
CETTE MARCHE OUVRE UNE VOIE. DES PERSPECTIVES D'ESPOIRS. PROUVER QU'UNE LUTTE SOCIALE, HORS DU CADRE POLITIQUE HABITUEL, PEUT CHANGER LE COURS DE L'HISTOIRE CONTEMPORAINE.
AUTREMENT QUE DANS LE SANG.

WORLD ECONOMIC FORUM
DAVOS
OCCUPÉ
LIBRE
Porto Alegre, RS, Brazil
Fórum Social Mundial
Haifa
Nazareth
er
rranée
OCCUPÉS
Naplouse
Tel-Aviv
CISJORDANIE
Jericho
Jérusalem
Bethleem
GAZA
Hébron
ISRAËL
JORDAN
LIBRE ?
TOTA
OCCUPANT
LIBÉRÉS
La chute de la maison Messier
Le Mond
OCCUPÉ
sommes tous Améri
ns ce moment tragique où les mots paraissent si pauvres
ressent, la première chose qui vient à l'esprit est celle-c
us Américains! Nous sommes tous New-Yorkais, aussi
se déclarait, en 1963 à Berlin, Berlinois. Comment ne
et, comme dans les moments les plus graves de notre hi
es de ce peuple et de ce pays, les Etats-Unis, dont nous
et à qui nous devons la liberté, et donc notre solidarité
mment ne pas être en même temps aussitôt assaillis par

UN MOIS APRÈS LA MARCHE ZAPATISTE, L'ESPOIR EST RETOMBÉ.
LES SÉNATEURS MEXICAIN ONT VOTÉ UNE LOI VIDÉE DE TOUTE SUBSTANCE, QUI MAINTIENT LES INDIGÈNES DANS LA DÉPENDANCE.
ILS AVAIENT BIEN COMPRIS LA MESURE DE L'ÉVÈNEMENT. L'ENJEU HISTORIQUE.
ILS NE POUVAIENT PAS LAISSER PASSER ÇA.
DU COUP LES ZAPATISTES SONT RETOURNÉS DANS LA JUNGLE.
EN RÉSISTANCE ENCORE.
18 ANS...

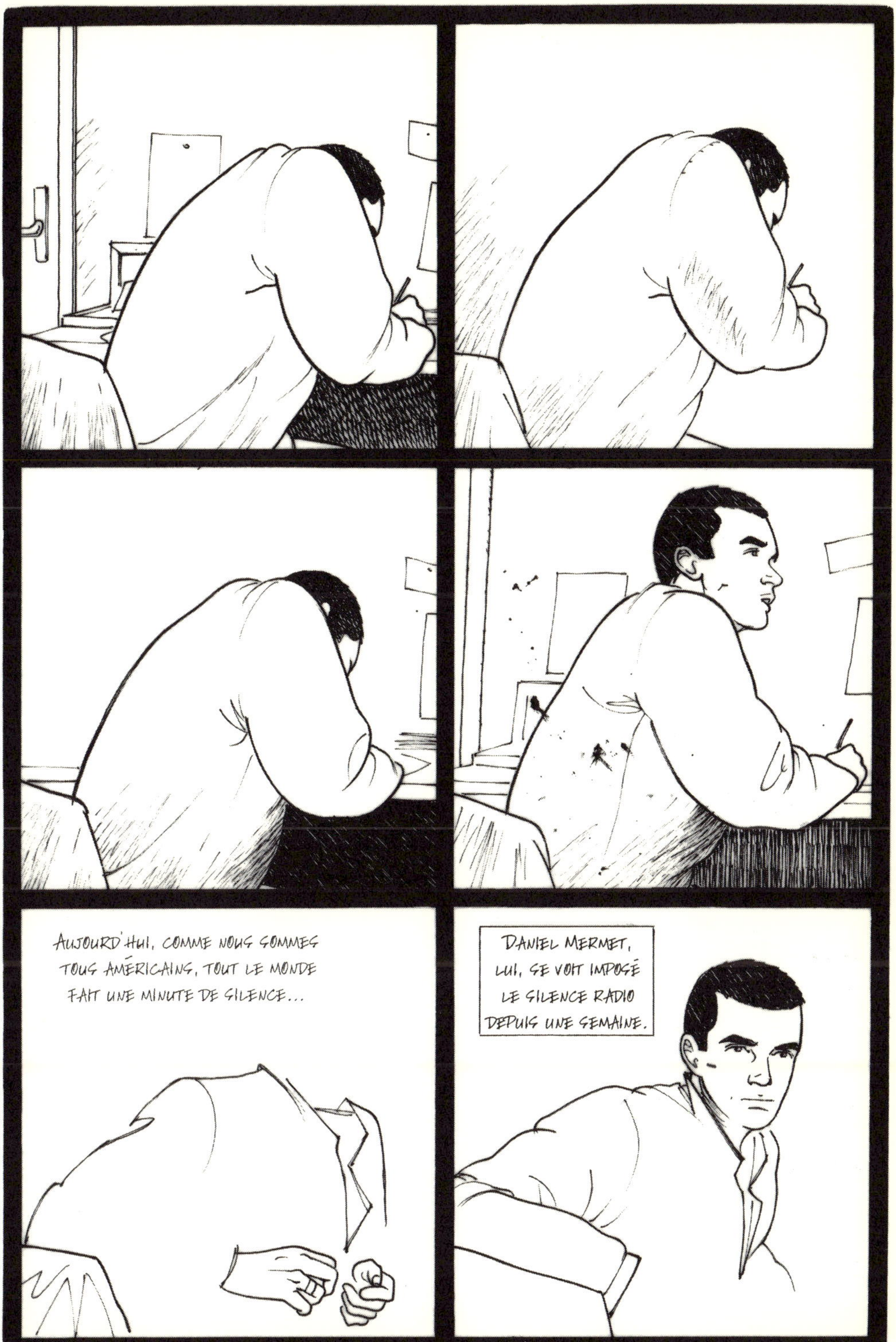
AUJOURD'HUI, COMME NOUS SOMMES TOUS AMÉRICAINS, TOUT LE MONDE FAIT UNE MINUTE DE SILENCE...
DANIEL MERMET, LUI, SE VOIT IMPOSÉ LE SILENCE RADIO DEPUIS UNE SEMAINE.

TOUT DE SUITE LE MOUVEMENT « ANTI-MONDIALISATION » A ÉTÉ VISÉ.
SPIDER-MAN
9 sa
1999 : ENRON ANNONCE UN CHIFFRE D'AFFAIRE DE 1000 MILLIARDS DE DOLLARS.
ENRON
745 MILLIONS SONT VERSÉS AUX DIRIGEANTS.
CIC
Banqu
« LES TERRORISTES REJOIGNENT LE DISCOURS DES ANTI-MONDIALISTES DONT LA PAROLE EST DEVENUE OMNIPRÉSENTE ».
SI C'EST LE FIGARO QUI LE DIT...
JUILLET 2001 : ENRON ANNONCE 14 MILLIONS DE BÉNÉFICES.
MAIS NE PAYE AUCUN IMPOT GRÂCE À SES FILIALES DOMICILIÉES AUX ILES CAÏMANS.
MAIS QUAND ON A SU QUE LES RÉSEAUX BEN LADEN PROSPÉRAIENT GRÂCE AUX PARADIS FISCAUX...
J'AI PAS VU LE FIGARO REMETTRE EN CAUSE LE SYSTÈME CAPITALISTE...
15 AOÛT : KENNETH LAY, LE PDG FONDATEUR D'ENRON, EST PRÉVENU DU DANGER DES MANIPULATIONS COMPTABLES...
KENNETH VEND POUR 20 MILLIONS DE DOLLARS DE TITRES.

PAS DE JUSTE MILIEU.
IL FAUT ÊTRE SOIT AMÉRICAIN, SOIT TALIBAN. CHOISI TON CAMP CAMARADE « ANTI-MONDIALISTE » !
16 OCTOBRE : ENRON ANNONCE 618 MILLIONS DE DOLLARS DE PERTES.
ON INTERDIT AUX RETRAITÉS ENRON DE VENDRE LEURS ACTIONS.
POURTANT ON PEUT TRÈS BIEN PENSER QUE LES USA SONT UN ÉTAT VOYOU ...
... SANS SE RECONNAITRE DANS LE TERRORISME D'UN MILLIARDAIRE FANATIQUE.
29 NOVEMBRE : 55 MILLIONS DE DOLLARS DE PRIME SONT VERSÉS AUX DIRIGEANTS D'ENRON.
ET ON PEUT TRÈS BIEN CONDAMNER BEN LADEN, ET L'HORREUR DE CET ATTENTAT, SANS POUR AUTANT
... SE METTRE À BRANDIR LA BANNIÈRE ÉTOILÉE.
2 DÉCEMBRE : FAILLITE D'ENRON, QUI ACCUSE 45 MILLIARDS DE DOLLARS DE PASSIF.
LES DIRIGEANTS EXPLIQUENT QU'ILS NE POURRONT VERSER DE PRIME DE LICENCIEMENT AUX EMPLOYÉS.

Tu vois, finalement, la principale question que posait cet attentat aux Américains...
... c'est pourquoi est-ce qu'on nous a fait ça ?
Cette horreur, cette tragédie ...
Pourquoi sommes-nous détestés à ce point ?
Au début ça a failli venir. On entendait : on nous fait ça à cause de nos vices. Parce que notre gouvernement est impérialiste. Parce que notre présence militaire dans le monde est insupportable...
Et puis non.
Finalement leur réponse a été : on nous fait ça à cause de nos vertus.
Parce que nous sommes plus forts, plus honnêtes, mieux éduqués. Que nous défendons la démocratie, la justice, la liberté ...
C'est toujours un peu naïf l'espoir...
C'est dommage...

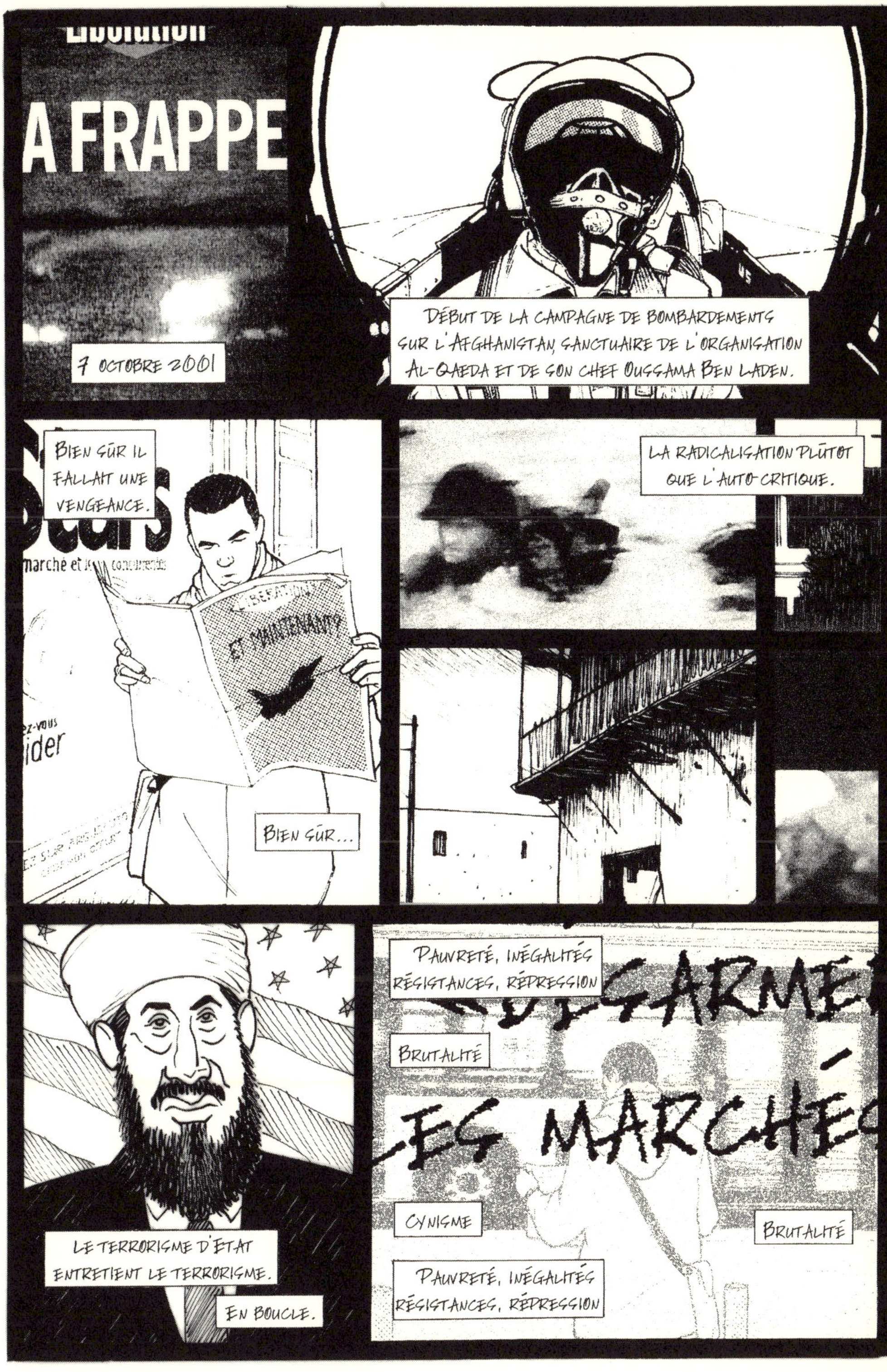
A FRAPPE
7 OCTOBRE 2001
DÉBUT DE LA CAMPAGNE DE BOMBARDEMENTS SUR L'AFGHANISTAN, SANCTUAIRE DE L'ORGANISATION AL-QAEDA ET DE SON CHEF OUSSAMA BEN LADEN.
BIEN SÛR IL FALLAIT UNE VENGEANCE.
ET MAINTENANT?
BIEN SÛR...
LA RADICALISATION PLUTÔT QUE L'AUTO-CRITIQUE.
LE TERRORISME D'ETAT ENTRETIENT LE TERRORISME.
EN BOUCLE.
PAUVRETÉ, INÉGALITÉS RÉSISTANCES, RÉPRESSION
BRUTALITÉ
LES MARCHÉS
CYNISME
BRUTALITÉ
PAUVRETÉ, INÉGALITÉS RÉSISTANCES, RÉPRESSION

FINALEMENT ON A QUAND MÊME PEU DE VICTOIRES.
JE VEUX DIRE LA TAXE TOBIN N'EST PAS EN PLACE. ET C'EST PAS POUR BIENTÔT...
AOUT 1995 : NETSCAPE ATTEINT LE SOIR MÊME DE SA MISE EN BOURSE UNE CAPITALISATION DE 2 MILLIARDS DE DOLLARS.
L'ENTREPRISE N'A PAS ENCORE GAGNÉ UN CENTIME.
CE QUE NOUS AVONS REFUSÉ À SEATTLE EST À NOUVEAU CONCOCTÉ, À HUIS CLOS, À L'OMC.
2001. LES STARTS-UP S'ÉCROULENT.
NORTECH : PERTE INSTANTANÉE DE 19 MILLIARDS DE DOLLARS EN VALEUR BOURSIÈRE.
10 000 SALARIÉS LICENCIÉS.
NON
LA DETTE DU TIERS-MONDE N'EST PAS ANNULLÉE. LES PARADIS FISCAUX PAS INTERDITS. FINALEMENT NOTRE SEULE VICTOIRE C'EST QU'ON NE NOUS APPELLE PLUS « ANTI-MONDIALISTES » DANS LES MÉDIAS.
REPUBLICA ARGENTINA
en union y libertad
5 DÉCEMBRE 2001 : LE FMI REFUSE UN PRÊT DE 1264 MILLIARDS DE DOLLARS À L'ARGENTINE, SON MEILLEUR ÉLÈVE, CONFRONTÉ À UNE DETTE EXTÉRIEURE DE 132 MILLIARDS DE DOLLARS.

NON. TU EXAGÈRES.
ON N'A PAS DE VICTOIRES CONCRÈTES C'EST VRAI. AU NIVEAU DE NOS REVENDICATIONS.
L'ARGENTINE PLONGE DANS UNE CRISE SANS PRÉCÉDENT : TAUX DE CHOMAGE DE 20 % ! 40 % DE LA POPULATION SOUS LE SEUIL DE PAUVRETÉ ! LA FAMINE RÉAPPARAIT...
MAIS QUELQUE CHOSE A CHANGÉ. LA PENSÉE UNIQUE, EN CE QU'ELLE ÉTAIT UNIQUE, C'EST FINI.
BIEN SÛR ELLE EST TOUJOURS LE MOTEUR DE L'ACTION DE NOS POLITIQUES. MAIS ELLE N'EST PLUS UNIQUE. IL Y A MAINTENANT UN CONTRE DISCOURS. ET ÇA C'EST DANGEREUX...
N'OUBLIEZ PAS QUE DEPUIS 1953 TOU
SECRÉTAIRES D'ETAT AMÉRICAINS SON
AUX GRANDES COMPAGNIES PÉTROLIÈ

MOI JE CROIS QUE BUSH NE VA PAS S'EN RELEVER DU SCANDALE ENRON !
JE VEUX DIRE IL Y A AU MOINS UNE CHOSE QU'ON PEUT ACCORDER AUX AMÉRICAINS C'EST QUE DANS DES CAS COMME ÇA IL METTENT LEUR PRÉSIDENT DEHORS !
CHIRAC ILS L'AURAIENT DÉJÀ VIRÉ LÀ-BAS.
RAPPELLE TOI LE WATERGATE !
OUAIS, JE SAIS PAS...
BUSH N'EST PAS UN HOMME POLITIQUE COMME LES AUTRES. C'EST UN PATRON QUI A ACHETÉ UNE PLACE DE PRÉSIDENT...
MAIS JUSTEMENT ! LE PDG D'ENRON ÉTAIT UN PROCHE DE BUSH !
ENRON A FILÉ PLUS DE 700 000 DOLLARS À BUSH POUR SES CAMPAGNES AU TEXAS ET POUR LA MAISON BLANCHE ! ET ILS OBTENAIENT DES AVANTAGES EN ÉCHANGE DE LEUR FINANCEMENT...

NON, C'EST PAS CE QUE JE VOULAIS DIRE... JE PARLE PAS D'ÊTRE « PROCHE » DE BUSH.
C'EST PLUS QUE ÇA.
ACTUELLEMENT LES PATRONS NE SONT PAS « PROCHES » DU PRÉSIDENT DES ETATS-UNIS : ILS SONT PRÉSIDENT DES ETATS-UNIS !
ET C'EST LA MÊME CHOSE EN FRANCE. LA MÊME LOGIQUE. QU'EST-CE C'EST QUE L'UMP, L'UNION POUR LA MAJORITÉ PRÉSIDENTIELLE, SINON UN PROGRAMME DE CONQUÊTE DU POUVOIR PAR LE PATRONAT ?
JE CROIS QUE CES GENS LÀ SE SONT RENDUS COMPTE QU'IL NE SUFFISAIT PAS D'ÊTRE PROCHE DU POLITIQUE. PARCE QUE LE POLITIQUE A LA FÂCHEUSE HABITUDE D'ÊTRE SENSIBLE AUX PRESSIONS POPULAIRES...
EUX ILS SONT PATRONS. PAS POLITIQUES. ILS ONT PAYÉ LEUR PLACE. ILS N'ONT PAS DE COMPTE À RENDRE À L'OPINION !
... ALORS NON, JE CROIS PAS QUE BUSH VA SAUTER.
QUELQUE CHOSE A CHANGÉ...

A GÖTEBORG, LORS DU CONSEIL EUROPÉEN, LE 15 JUIN, LA POLICE TIRE À BALLES RÉELLES SUR LES MANIFESTANTS. UN BLESSÉ TRÈS GRAVE ET PLUSIEURS BLESSÉS PLUS LÉGERS.
BON, ON VA BOSSER ?
EN AVRIL À QUÉBEC 4 709 CARTOUCHES LACRIMOGÈNES TIRÉES CONTRE LES MANIFESTANTS.
BON POUR LES COUVERTURES J'AI DÉPLACÉ LE LOGO ATTAC
OUI, QUELQUE CHOSE EST EN TRAIN DE CHANGER...
A GÊNES : UN MORT, 600 BLESSÉS, DES CENTAINES D'ARRESTATIONS ARBITRAIRES.

... DEPUIS LA CHUTE DU MUR IL Y A EU ENVIRON 60 CONFLITS ARMÉS, AYANT FAIT DES CENTAINES DE MILLIERS DE MORTS ET PLUS DE 17 MILLIONS DE RÉFUGIÉS.
VOILÀ POUR LA PAIX DANS LE MONDE !
8 MILLIONS DE PERSONNES VONT MOURIR DU SIDA EN AFRIQUE. VOILÀ POUR LE PROGRÈS !
L'ÉCART DE REVENU ENTRE LE CINQUIÈME DE POPULATION MONDIALE LE PLUS RICHE ET LE CINQUIÈME LE PLUS PAUVRE EST PASSÉ DE 1 À 30 EN 1960, À 1 À 82 EN 1995.
VOILÀ POUR LA PROSPÉRITÉ !
LE LIBÉRALISME CRAQUE DE TOUS LES CÔTÉS. ET LA RÉPONSE C'EST LA « GUERRE SANS LIMITE » DE BUSH.
MAINTENANT LE BUT DES ETATS-UNIS C'EST DE SAUVER LES MEUBLES ! ET DE PUNIR LES PEUPLES QUI RÉSISTENT À L'ORDRE NÉOLIBERAL !
LA GUERRE EST DÉSORMAIS LA COULEUR DE LEUR MONDIALISATION !

IL N'Y A RIEN DE NOUVEAU... LA GUERRE, LE MENSONGE, LA MORT... LE POUVOIR RÉPÈTE LA MÊME HISTOIRE...
UNE FUITE EN AVANT...
DU COUP C'EST AL QAEDA À TOUTES LES SAUCES ! AL QAEDA EN TCHÉTCHÉNIE. EN IRAK. AL QAEDA AUX MINGUETTES ! AL QADEA ET LES PICAROS !
SI AL QADEA N'EXISTAIT PAS FAUDRAIT L'INVENTER !
D'AILLEURS...
MARCOS LE DISAIT DÉJÀ PENDANT LA MARCHE ZAPATISTE. SI NOUS PERDONS, « D'AUTRES MOUVEMENTS BIEN PLUS RADICAUX, BIEN PLUS INTOLÉRANTS, ET BIEN PLUS VIOLENTS PRENDRONT LES ARMES. »
DES GENS QUI ONT INCARNÉ LEUR COLÈRE DANS DES INTÉGRISMES RELIGIEUX, NATIONALISTES, OU ETHNIQUES.
UNE AUTRE FORME DE RÉSISTANCE. DÉTESTABLE.
LES CHIENS DE GUERRE SONT LACHÉS.

DES FOIS J'AI UN PEU L'IMPRESSION QU'ON EST LA DERNIÈRE PORTE DE SORTIE...
LA DERNIÈRE TENTATIVE CITOYENNE. SI ON ÉCHOUE, DERRIÈRE NOUS C'EST LA BARBARIE.
EVITER LA GUERRE DES DÉMUNIS.
LA VOIE POLITIQUE JUSQU'AU BOUT.
LE TEMPS S'ÉCOULE.
UN AUTRE CERCLE SE FERME.
TANT DE RÊVES...
ET TANT DE CAUCHEMARS.

QU'EST-CE QU'ON PEUT FAIRE ?
GAGNER.
CETTE FOIS.

LES ALBUMS REQUINS MARTEAUX

Collection Ferraille

Ultra Punch - *Druilhe & Andrieu*
10 000 histoires drôles - *Caritte*
C'est pas tous les jours fêtes - *Guerse & Pichelin*
L'Éléphant de terre deux - *X90*
Freeze, punks ! - *Witko*
Le Roi des fans - *Caritte*
Monsieur Ferraille - *Winshluss & Cizo*
Supermurgeman joue et gagne - *Math'sap*
Ricou & Bigou - *Bouzard*
Les mille et un robots de Pompidou - *Druilhe & Andrieu*
Morvandiau range sa chambre - *Morvandiau*
Monsieur - *Sourdrille*
Jules Spy - *Caritte*
Les artistes de l'aventure - *Druilhe & Andrieu*
Amour, sexe et bigorneaux - *Guerse & Pichelin*

Collection BéDérisoire

On est tous des touristes - *Guerse & Pichelin*
José emmerde le monde- *Guerse & Pichelin*
José n'a pas marché sur la lune - *Guerse & Pichelin*
Bob Tornade I - *Katou*
Bob Tornade II, le retour - *Katou*
Le juste prix - *Lèbre*
Don patron - *Manolito Rastaman*
Ça sent la crevette - *Nono Kadaver*

Collection Carrément

Panique à l'île aux crânes - *Druilhe & Andrieu*
Monsieur Pabo au far west - *Druilhe & Andrieu*
La nuit du canard garou - *Bouzard*
Bouts de vies - *Marty & Privat*
Bestioles - *Moulinex & Bouzard*
Radio-Nuit - *Katou & Pichelin*
Danny le rouge - *Pyon*
Bob Silver, l'homme impossible - *Danny Steve*
Haute couture - *Besseron*
Ballade du Péloponnèse - *Vanoli*
Merci Ben Laden ! - *Willem*
Plein d'histoires de Tutut - *Guibbaud*
Le Gumbo de l'année - *Matthias Lehmann*
Mescladis - *Marty*
Elections surréalistes - *Willem*
Le N°1 - *Alexis Allard*
Du hachis pour les braves - *Fifi*
Destruction massive - *Willem*

Collection Dorénavant

Si ça se trouve, c'est possible - *Caritte*

Collection Rouille

Amour, nuit et jour - *Marty & Pichelin*
Rien - *Placid*
Mon cul ! - *Danny Steve*

Collection Comix

Flip & Flopi N°1, 2 & 3 - *Moulinex*
Ump! N°1 - *Moulinex*
Ump! N°2 - *Pépé Farruqo*
L'Eléphant N°1, 2 & 3 - *X 90*
Horla N°1 & 2 - *Katou*
DT Comix N°1, 2 & 3 - *Druilhe*
Carotte N°1 & 2 - *Caritte*
Les aventures de Daniel Cressan racontées par l'auteur - *Daniel Cressan*
Docteur Magnétic comix N°1 - *Fifi*
Batonne N°1, 2 & 3 - *Besseron*
À la conquête du monde - *Pyon & Schlingo*
Les dessous de Terminal beach - *Jampur Fraize*
Flipper le flipé N°1 - *Morgan Navarro*
Agrum comix N°5 - *Vandermeulen*
La fureur d'Expector N°1 - *Guitard*
Le Journal de Robert Conrad N°1 - *Guerse & Pichelin*
Oural N°1 - *Maurel*
Super négra N°1 - *Winshluss*
Poin-Poin N°1 - *Le Petit Cochon*
Makarel Comix N°1 - *Raskal*
À la conquête du monde - *Pyon & Schlingo*
L'homme qui valait plus rien - *Witko*
Curiosité, plaisir, découverte - *Morvandiau*

Collection Nickel-Chrome

Eliminations - *Willem*
Les nuits sont blanches pour tous - *Guerse & Pichelin*
Bob Tornade fait son cinéma - *Katou*

Collection Plombage

Onulf, le Cybernéticien - *Charlie Schlingo & Rosse*
Soler - *X 90*
Bijoux de famille - *Witko & Papazoglakis*
Slots - *Witko & Papazoglakis*
Le gouffre de la piscine - *Captain Cavern*
The Joke - *Luz*
De véritables contes de fées - *Besseron*

Hors Collection

Garduno, en temps de paix - *Philippe Squarzoni*
Le Gros Groupe - *Druilhe*

... et retrouvez tout les 3 mois le journal Ferraille illustré, en kiosque !

Catalogue complet sur simple demande aux *Requins Marteaux* : 13 rue, de la République 81000 Albi-France
Phone : 05 63 38 71 31 - Fax : 05 63 47 94 23 - E.mail : requins.marteaux@wanadoo.fr - Site : supermarcheferraille.com